アドラー　一歩踏み出す勇気

中野　明

JN264571

本書は物語を通じてアドラー心理学のエッセンスを紹介したものです。

大手広告会社に勤める松田勇二は、カラ爺という名のメンターと出会い、アドラー心理学をベースにした「自分を変える7つのステップ」を実践することで新たな自分に成長します。この本を読まれる方も「自分を変える7つのステップ」を実践することで、新たな自分に出会うチャンスにきっとめぐり会えるはずです。

アドラー 一歩踏み出す勇気

目次

プロローグ

松田勇二は書類が8割方を占領しているデスクでメールをチェックしていた。ノート型パソコンが肩身の狭い思いをしているように見える。

書類の山の上にある電話が鳴った。

松田はパソコンの画面を見ながら受話器に手を伸ばす。

「はい、松田です――。えっ。あっ、どうも」

松田は受話器を左手に持ち替えて、話をしながらメールのチェックを続ける。

「え、今日ですか。そうですね。では、いまからでも。3時くらいまでなら――。わかりました。はい。では、うかがいます」

電話の相手は人事部の柿本だった。松田とは特に親しい間柄ではない。

松田はメールの返事を1本送るとパソコンをスリープにして席を離れた。人事部は2階上の27階にある。エレベーターはかえって面倒なので松田は階段に向かった。

松田が人事部のドアを抜けると、柿本がパソコンの画面から目を上げた。

「あ、松田くん。どうもどうも。んじゃ、あっちで」

柿本は立ち上がりながら左手で窓際のブースを指して言った。

太い黒縁の眼鏡をかけた柿本は相変わらずの2枚刈りである。松田が入社した10年前からの髪型であり部署も人事一筋だ。現在は課長職にある。その間松田は本社勤めを2年したあと名古屋に転勤し、昨年再び本社の営業本部に戻った。

松田が席に着いたブースの窓からは、はるか向こうに芝浦と有明を結ぶレインボーブリッジが霞んで見える。

クリアファイルを片手にブースに入ってきた柿本が腰を下ろしながら言う。

「どう、最近」

「はぁ、まあ。どうにかこうにかってところでしょうか」

「メインの担当ってどこだっけ」

「今期からＳＤモバイルです」

「あぁ、あそこ。扱いはでかいけど、扱いが難しそうだね」

柿本は「扱い」を強調しながら笑った。洒落《しゃれ》のつもりなのだろう。

「それはそうと、来てもらったのはこの件、こういう話なのよ」

柿本はクリアファイルから1枚の用紙を取り出して机に置くと松田の前にすべらせた。用紙には「ジェネラリスト向け自己成長トレーニングのお知らせ」とある。

「自己成長——。啓発セミナーか何かでしょうか」

松田は右手で用紙の端を持つと文面に目を走らせた。

「そう。ジェネラリストとは、ま、表向きの話でさ。要するに幹部候補生を鍛えるためのオフ・ジョブ・トレーニングだな」

「オフJT。それって、地獄の7日間みたいなやつでしょうか」

松田は用紙から目を上げて柿本を見る。松田の眉間にしわが寄っている。

「いや、缶詰の訓練じゃない。うちが契約しているコーチング会社に週に1度出向いてもらう。向こうでは自己成長のためのトレーニングを準備している。これを1週間ごとにひとつクリアする。これを7週間続けてもらうわけだ」

「自己成長のためのトレーニングですか。たとえばどのような？」

「うん。それについてはこれを見てよ」

柿本はクリアファイルから手のひらサイズの手帳を取り出して松田に渡した。松田は小豆色の表紙に右手の親指を2度すべらせた。手触りから察するに合成ではない。本革のようだ。表紙には金の箔押しで、
貢献の栞――

と、刻印してある。

表紙をめくると14ポイントほどの明朝体文字で「共同体感覚」とある。松田は怪訝《けげん》な顔をした。さらにページをめくる。次にはこうあった。

「人生とは仲間の人間に関心を持つこと、全体の一部になること、人類の福祉にできるだけ貢献することである――アルフレッド・アドラー」

アドラーって――だれだこいつは、と松田は思った。

次のページをめくる。「自分を変える7つのステップ」とだけ記してある。松田はさらにページをめくった。右ページには、

「第1のステップ」

とある。また見開きの左ページには、

「自己成長の鍵は共同体との良好な関係にある」

と書いてある。

松田はますます怪訝な顔をする。

「何ですか、この、自己成長の鍵は共同体との良好な関係、って」

腕組みしながら東京湾を見ていた柿本は、上体を椅子の背にあずけたまま顔だけ松田のほうに向けた。

「ま、詳細は向こうに行ってからのお楽しみだな。ここで種明かしをしちゃトレーニングの意味がないだろ。で、もう日にちも決まっててさ、来月の第1土曜日から」

「土曜ですか。それも連続7回も」

「厳密には8回だな。最終報告があるから」

柿本がスケジュール表を差し出した。用紙に視線を落とす松田に柿本は「もちろん」と前置きして言った。

「割増手当は出ない。松田くん、うちのポリシーが『給料を倍にするから3倍働け』だって、知ってるよね」

視線を柿本に移した松田は諦め顔である。

「ま、それよりも、トレーニングに参加できること自体を誇りに思ってもいいかもな。これって全社員対象じゃなくって、選抜メンバーが対象なんだからさ。会社も期待してるってわけだよ。な、松田くん」

柿本はこう言うと、テーブルに身を乗り出して松田の肩を叩いた。

確かに土曜日がつぶれるのは辛い。が、選抜メンバーと言われれば悪い気がしないでもない、と松田は考える。

「ここにトレーニングの目当てや心得みたいなことが書いてあるけど、ま、一応目を通しておいてよ。それから、トレーニングには必ずその『貢献の栞』を持参すること。あと、近親者の不幸以外は休まない。ま、そんなとこかな。では、健闘を祈る」

柿本は口元を大きくほころばせながら、松田の肩をもう一度叩いた。

松田は軽く頭を下げ、クリアファイルを手にした。

第1営業部に戻った松田は、席に着くと革装丁の手帳を取り出してもう一度ページをめくってみた。「自分を変える7つのステップ」の全文を確認する。どれにも妙な文言が並んでいた。

第1のステップ　自己成長の鍵は共同体との良好な関係にある
第2のステップ　人が持つ劣等感、それは飛躍の原動力である
第3のステップ　キミは私的論理の虜になっていないだろうか
第4のステップ　人生の正しい目標とは共同体への貢献である
第5のステップ　より多く得る人からより多く与える人になれ
第6のステップ　誠意ある態度とは相手を思いやることである
第7のステップ　パートナーには献身で接することがすべてだ

「おいおい、何だよこれ」
この7つのステップが自己成長とどう関係するのか、皆目見当がつかない松田である。

土曜日がこのトレーニングで無駄になるのか、と思うと——。
松田は小さく溜息をついた。

第*1*のステップ

自己成長の鍵は共同体との良好な関係にある

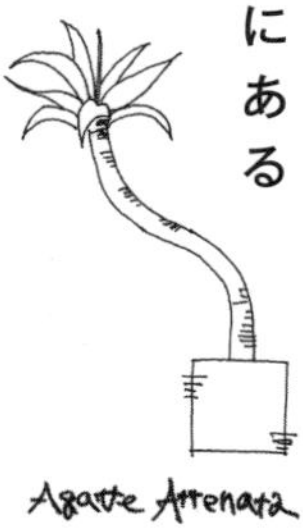

「あれ、おかしいな。ここのはずなんだけど」

ポロシャツにチノパン姿の松田は、汗をぬぐいながらスマホで地図を確認した。暦はもう9月である。しかしまだ10時前なのに、ここ自由が丘は街路樹も肩を落とすような暑さである。

カラ・コーチング・システムがあるはずの場所には、白い外壁の園芸ショップが建っていた。隣はパン屋だし、反対側は民家のようだ。対面にはレストランがある。

松田は「ジェネラリスト向け自己成長トレーニングのお知らせ」用紙をスキャンした画像をスマホに表示して、カラ・コーチング・システムの所在地を再度確認した。やはりここで間違いない。

園芸ショップでは年配の男がオリーブの木を店舗前にディスプレイしている。開店の準備をしているのだろう。松田はその人に道を尋ねることにした。

「あの、すいません。ちょっと道をうかがいたいのですが。このあたりにカラ・コーチング・システムという コーチング、いや、人材教育会社があるんですが、ご存知ないでしょうか」

オリーブの木の前にしゃがんでいた男が振り返った。男はゆっくり立ち上がると膝を払いながら言った。

「カラ・コーチング・システムはここですよ」

白髪を後ろになでつけた男は、血色の良い顔をしている。相応の歳を重ねているようだが老人と呼ぶにはまだ早そうだ。

「えーっと、ボクが探しているのは人材教育会社で、園芸ショップじゃないんですよ」

男は笑顔で2度うなずいた。

「だからここがカラ・コーチング・システム」

こう言うと男はオーバーオールの前ポケットから名刺入れを取り出して、松田の前に名刺を差し出した。

両手で受け取った松田は名刺に視線を落とす。「カラ・コーチング・システム　代表　加羅友一」とある。

「それからこちらもどうぞ」

男はもう1枚名刺を差し出した。そこには「カラ・ガーデニング・ショップ　代表　加羅友一」と書いてある。

「ということは、園芸ショップ兼営の人材教育会社、ということですか」

「いや。正しく言うと、ガーデニング・ショップ兼営のコーチング会社となりますかな。コーチング&ガーデニング。珍しいでしょ」

松田はポケットにスマホをしまうと、カバンに入れたはずの名刺を探した。

「大変失礼いたしました。私、博通堂第1営業部の松田勇二と申します。今回は自己成長トレーニングの件でおうかがいいたしました。よろしくお願いいたします」

「やはりあなたが松田さんですか。柿本課長からご連絡をいただいております」

加羅と名乗る男は受け取った名刺に視線を落とした。

「お名前は勇二さん。じゃあ、ユウちゃんと呼びましょう」

「えっ、ユウちゃん」

松田は子どもの頃から「ユウちゃん」と呼ばれていた。今は息子の勇太郎が妻や友だちから「ユウちゃん」と呼ばれている。

「そう、ユウちゃん。私は仲間からカラ爺と呼ばれています。ですからユウちゃんは私のことをカラ爺と呼んでください」

「カラ爺さん――ですか」

「ちょっと待ってください。さん付けは妙ですね。何だか頭がカラっぽの爺さんみたいじゃないですか。さんは取ってカラ爺だけで結構。しかしユウちゃん、あなた足が長いですね。身長はいくつですか」

「178センチです」

「そいつは羨ましい」

そう言うカラ爺は松田の鼻先くらいまでの背丈しかなさそうだ。ずんぐりした体格で、ちょうど大きな卵に首のない小さな卵が載っかっているような感じである。この体躯《たいく》に合う既製品のオーバーオールを見つけるのは至難の業だったに違いない。少なくともユニクロで見つけることはできないだろう。

「ま、とにかく中へどうぞ。お茶でもいれましょう。お互いの出会いを祝してね」

カラ爺は松田をカラ・ガーデニング・ショップの店内へと促した。

＊

中はエアコンがほどよく効いていて頃合いの室温である。店内には白や赤、あるいは素焼きの陶器鉢から奇妙な幹や枝、緑の葉を伸ばした植物が陳列してある。

松田は案内されたウッドチェアに腰を下ろして風変わりな植物を見回した。カラ爺がトレーに載せた冷たいアールグレイをウッドテーブルに置く。

「あれは何という植物ですか。半端な長さじゃないですね」

松田は吊り鉢の植物を指さして言った。蔓《つる》の長さは人の丈の倍くらいあり、緑の葉の縁には白い斑《まだら》が入っている。

「ツルニチニチソウです。３メートルくらいはあるでしょうね。初夏には青い花が咲きます。ここまで伸ばした吊り鉢はちょっと珍しいかもしれませんね。さぁ、召し上がれ」

「あ、どうもありがとうございます。じゃあ、あの白い鉢に入っている幹の曲がったのは？　なかなかおしゃれですね」

松田はそう言いながらストローの袋を破いた。

「アガベ・アテナータですね。これだけ幹が長くて、しかも途中で女性の腰のように曲がっているものは、めったにお目にかかりません。ときにユウちゃん、植物がお好きなようですね」

「いえ、まったくの素人です。でも、観葉植物にうといボクにも、ここにあるのが珍しい品であることはわかります。何しろ初めて見るものばかりですから」

「そうかもしれませんね。ここには、これはという逸品を置くようにしていますから」

「そのアガベ何とかで、いかほどなんですか？」

「8万円です」

松田は無言でもう一度、白い鉢に入った曲線の幹を見た。値段を知ると最初見たときよりも貴重な植物に見えてくる。

「ま、冷たいうちにどうぞ」

「はい。いただきます」

松田はストローをグラスに入れて口をつけた。美味い紅茶だ、と思う。

「でも、どうしてコーチング会社とガーデニング・ショップを兼営されてるんですか」

「ふふふ。その質問に答える時期はやがてくると思います。それまで答えはお預けですね。それよりも、早速ですが、自己成長トレーニングの話を始めましょうか」

松田は手にしていたグラスを思わずテーブルに戻した。

「えっ、ここで」

「そう、ここで」

松田は、嫌な予感が的中した、と思った。

観葉植物の中で老人の茶飲み相手になるのなどまっぴらである。それが土曜日に8回も続くとなれば、まだ地獄の7日間セミナーのほうがましに違いない。

松田は一呼吸置いてから言った。

「しかしですね。ここでトレーニングを行うのはちょっと無理のような気が。だいたい普通はプロジェクターとかがあるものですし――」

松田の言葉をさえぎるようにカラ爺が言った。

「どうして無理なんでしょう。私の出身地である米沢の著名人がこんなことを言いました。為せば成る。為さねば何事も成らぬ。成らぬのは人が為さぬからじゃ。この言葉、だれが言ったかご存知ですか?」

松田はカラ爺の問いにではなく、精神論に首をすくめた。

「かの上杉鷹山《ようざん》です。ま、それはともかく、まずはトレーニングの手順を説明しましょう。そうすれば、場所がここだって別に問題ないことがわかるでしょう」

カラ爺は足を組み直すと、両手を出っぱったお腹の前で組んだ。口笛でも吹かんばかりのリラックスしたスタイルである。対する松田は合点のいかない様子だ。

「さて、ユウちゃんにはあらかじめ『貢献の栞』を渡してあると思います」

「革表紙のあれですね。はい、ざっとですが目は通しました」

松田はカバンから「貢献の栞」を取り出しながら言った。

「あそこに自分を変える7つのステップが記してありました。これはいわば自己成長のために上るべき7段の階段みたいなものです。ユウちゃんには7週間かけてこの階段を上ってもらいたいと思っています」

「でも、あの7つのステップと自己成長の関わりがまったく理解できません」

　松田は問い詰め口調である。

　しかしカラ爺は松田の態度などどこ吹く風だ。

「確かにそうかもしれませんね。したがって、個々のステップについて、私から簡単なディレクションを行います。内容を飲み込めたら、あとはユウちゃんが実社会でそのステップを実践する。そして次週のこの時間に、その結果を報告してもらった上で、次のステップのディレクションを行います。

　これを繰り返して、最終的にユウちゃんの自己成長を目指します。私のディレクションとユウちゃんの報告だけですから場所はここで十分。わかるでしょ」

　何ともいい加減そうなトレーニングである。会社はこの人にいったいどれくらいのギャラを支払っているのだろう、と松田は思った。

　しかし反抗して無駄な時間を浪費するのもバカバカしい。ならばこちらも適当にあしらうに如くはなし、と松田は考えた。

「わかりました。では、第1ステップについて、早速ディレクションをお願いします」

「ふむ、その前にトレーニング全体のコンセプトについて説明する必要があるでしょうね」

松田は先ほどから不思議に思うことがあった。カラ爺が横文字を多用する点だ。松田がカラ爺に初めて声をかけたとき、コーチングという言葉をあえて使わずに人材教育と言い換えた。ご老体には理解できない言葉だと思ったからだ。ところがコーチングはもとよりディレクションやコンセプトなど、横文字好きの広告業界人が好んで使うような言葉が次々とカラ爺の口から出てくる。

カラ爺は松田の思いをよそに話を続けた。

「そもそもこのトレーニングは、アルフレッド・アドラーの心理学をベースにして組み立てています。ユウちゃん、アドラーはご存知ですか?」

「ええ、名前くらいですが」

松田は「貢献の栞」を受け取ったあと、アドラーについて簡単に調べてみた。

アドラーは1870年、和暦で言えば明治3年にオーストリア＝ハンガリー帝国で生まれた。のちに米国に移住し1937年に心臓発作で急逝している。67年の生涯だった。アドラーが打ち立てた心理学は「個人心理学」と呼ばれ、また、人間が持つ劣等感に着目したことから「劣等感の心理学」とも呼ばれた。

調べている中で松田は、「劣等コンプレックス」がアドラーによる言葉だったことに驚いたし、またアドラーがフロイトやユングと並ぶ偉大な心理学者であることを知って、自分の不明を恥じたものである。

カラ爺は話を続けた。

「ご存知のようにアドラーの心理学は、個人心理学や劣等感の心理学と呼ばれます。また、人を勇気づけることから、勇気づけの心理学とも呼ばれますね。一方、私は私で、アドラー心理学のことを自己成長の心理学、と呼んでいます」

「自己成長の心理学――ですか」

「そうです。アドラー心理学の理論では、対人関係と仕事、それとパートナーとの愛を人生の3つの課題ととらえています。これらの課題に貢献の精神で取り組むことで問題を克服し、より豊かで実りの多い人生を実現することを目指します」

カラ爺は氷が半分解けたアールグレイをストローで一口すすると、さらに話を続けた。

「そのためには、まず自分の内面と向き合って自分自身の根本的な枠組み――アドラーはこれをライフスタイルと呼びましたが――これを変えることから始めなければなりません。その上で、新たな内面を持つ自分と社会とのつながりを再構築して、従来以上の成功を手にすることを目指します。どうです、この過程は、自己成長の過程そのものだと思いませんか」

松田は小さく相槌《あいづち》を打って見せた。

カラ爺は大きな笑みを浮かべるとさらに言葉を継ぐ。

「したがって、自己成長を一言で表現するならば、自分を変えて社会との新しい関係を築く過程、とでもなりましょうか。この過程をたどるのが、ユウちゃんの参加したこのトレーニングにほかなりません」

松田はカラ爺が話し終えるのを待って口を開いた。

「ではこの7つのステップが自分を変えて社会との新しい関係を築く過程だと」

「そのとおり。7つのステップのうち、最初の4つは、ユウちゃんの内面に目を向けて、内面から自分を変えることを目標にしています。このステップを踏むことで、新たな内面、厳密に言うとライフスタイルを獲得できるでしょう。

さらに残り3つのステップは、手にした新たなライフスタイルでもって、社会との新たな関係を築くことを目標にしています。このステップをクリアすることで自己成長は一旦完成します。でもってトレーニングは終了です」

松田は腕組みして考えた。

この爺さん、能書きだけは語れるようだ。まぁ、もっともそうでなければ、日本ばかりか世界に名を轟かせるうちの会社が、この爺さんを雇うはずがない。とにかく、ダメ元で爺さんの言うとおりやってみるか――と松田は考えてみる。

腕組みを解いた松田はテーブルの上の「貢献の栞」を手に取るとページを開いた。

「では、その内面を変えるための手始めが、この『**第1のステップ　自己成長の鍵は共同体との良好な関係にある**』というわけですね。でも――」

松田は改めてこの一文を口にして、若干上がり気味だったテンションがまた下がってしまった。そもそも「共同体との良好な関係」と、自己成長との関係がやはりまったく理解できない。

「再び先ほどの疑問、これが自己成長とどう関係するのかがわからない、と言いたいようですね」

「ええ、そうです」

「ご心配なく。その点についてディレクションするのが本日の眼目ですからね」

カラ爺は先にそう話したでしょ、という顔をしている。

「ところでユウちゃん。かつて『心にいつも微笑みを』なんて歌詞を持つ曲がありませんでしたっけ」

「はぁ。そんな曲、あったかなぁ?」

「ま、有無は別にして、心がいつも微笑んでいたとしても、人を前向きにする効果はあまり期待できないのですよ。微笑みは必ず頬、表情に出さなければなりません」

松田はカラ爺が何を言いたいのか判断しかねている。

そんな松田を見透かすように、カラ爺は立ち上がるとショップの奥にある部屋に消えた。

戻ってくると手に割り箸を持っている。

カラ爺はその割り箸を割ると一方を松田に渡した。

「いいですか。割り箸を横にして歯で噛みます。そうしたら唇を閉じましょう。こんな感じです」

カラ爺は水平にした割り箸を口にくわえて唇を閉じると、眼鏡の奥から松田の顔を見つめた。

「ち、ちょっと加羅さん。ふざけないでくださいよ。何が悲しくって割り箸でそんな遊びをしなきゃなんないんですか」

カラ爺はくわえた割り箸を右手に持ち直すと、子どもを諭すような表情になった。

「加羅さんではありません。カラ爺。それにこれは決してふざけているわけではありません。いいですか。こうやって割り箸を口にくわえると、唇の両端が上に向くでしょ。これは微笑んでいるのと同じ状況です。モナリザをイメージすればいいですね」

なぜいまモナリザの微笑みなんだよ……。松田は心の中でつぶやいた。

「このように微笑んでいる表情をすると、いま楽しいことが起こっていると脳が勝手に判断するんです。そうすると脳の特定部分が活性化して本当に楽しい気分になってきます」

「そんなバカな」

松田は思わず口に出してしまった。

「バカなんてとんでもない。本当のことです。最新の脳科学で実証済みの現象です。ささ、騙されたと思ってユウちゃんもやってみて。ほら」

しばし沈黙のあと、松田は観念した。抗《あらが》うのは時間の無駄である。

松田は割り箸の両端を、トウモロコシを食べるときのように両手でつまみ口元に持っていった。口を開けると前歯で割り箸を固定し、唇をゆっくり閉じる。

「そうそう。じゃあ、口の両端を上に持ち上げるようにして。はい、そこに鏡がありますから自分の顔を見てください。わずかに微笑んでいるのがわかると思いますよ」

松田は木製の額縁にエアープランツが接着してある鏡に自分の顔を映してみた。何ともマヌケな顔である。こんなことをしている自分が情けない。

「どうです。微笑んだ顔をしていると、それに脳が反応する。ほら、だんだん気分も楽しくなってきた」

松田はしばし鏡を見つめたあと首をかしげた。特に楽しい気分にはなってこない、と無言のメッセージを送ったのである。

「あれ。楽しい気分になりませんか。おかしいな。私なんかすぐ楽しくなるのに。わかりました。では割り箸をくわえたまま、もう一度席に着いて。はい、私も割り箸をくわえますから、にらめっこをしましょう。それ」

割り箸をくわえた2人の男が、テーブルをはさんで互いに相手の顔を見つめる。

やがて2人の肩が揺れ出すと——。

まったくと言ってよいほど同時に2人は吹き出した。2人前の笑い声だから植物の葉が大きく揺れるのも当たり前だ。

「ユウちゃん。とうとう笑いましたね」

「だ、だって。カラ爺さん——じゃなくって、加羅さんの顔がカトチャンの顔にそっくりなんですもん」

「おあいにくさま。ユウちゃんの顔だってマヌケ丸出しでしたよ」

カラ爺の「マヌケ」という言葉を聞いた松田の顔から、バスタブの残り湯が排水溝から流れ出るように、笑いが消えた。

「ん、どうかしましたか」

「ちょっと加羅さん。何ふざけてんですか。ボクはこの大事な土曜日をにらめっこで無駄にするなんてまっぴらです。真面目にトレーニングを始めてください。もう、怒りますよ」

「繰り返しますが、加羅さんではなくカラ爺。それに私は真面目も真面目、大真面目です。いいですか。いまの微笑みを、朝起きてから夜寝るまで、常に絶やさぬよう心がけてください。もし絶えそうになったら、今日のトレーニングを思い出してください。場合によっては、実際に割り箸をくわえて、強制的に笑顔を作ります。そしてこの状態で1日を過ごしたとき、何かが起こります。その何かを体験するのが今回のトレーニングの眼目です」

「何かが起こる――」

「そう。朝起きて奥さんと接するとき。失礼ながら、奥さんはいらっしゃいますよね。お子さんは？　1人。では、奥さんやお子さんと接するとき、あるいは満員の通勤電車で、さらには会社の職場、打ち合わせ先で、常に意識して頬に微笑みが張り付いた状態を維持してみてください。その状態で、周囲の人は敵ではなくて仲間あるいは親しい友人だ、と思うようにしてください」

カラ爺は言葉を切ったあと、しばし思案してから言った。

「そう。言うなれば、頬に微笑み、周りは仲間。この態度こそが共同体と良好な関係を結ぶ第一歩になります。勇気を出して一歩を踏み出せば、何かが変わるはずですよ」

(頬に微笑み、周りは仲間。共同体と良好な関係を結ぶ第一歩——)

松田は心の中でつぶやいた。

カラ爺は一息ついてさらに話を続ける。

「では、次回にその体験の結果をお知らせください。その上で、次の課題についてディレクションをしたいと思います。では、本日はこのあたりで」

カラ爺は立ち上がると握手を求めてきた。松田も立ち上がると右手を差し出した。

カラ爺は左手で松田の腕を叩きながら言った。

「では、健闘をお祈りいたします」

松田は握手しながら、柿本課長と同じことを言うんだ、と思った。

＊

松田はソファに身体をあずけてテレビを見ていた。しかし5秒に1度笑い声が起こる番組に注意しているのではない。今日、あのガーデニング・ショップで会ったカラ爺との会話に、松田は思いを巡らせていた。

社に入って10年、松田は所属する業界柄、一癖も二癖もある人物と対面し渡り合ってきた。そこには善人もいれば限りなく悪人に近い人物もいた。では、いままで出会ってきた人物に照らしてみたときカラ爺こと加羅友一はどうか——。

松田は缶ビールを振り、もう少し残っていたビールを飲んだ。

少なくとも悪人ではなさそうだ。むしろ善人の部類だろう、と松田は考える。

しかも博通堂が社員の自己啓発に選んだコーチである。いい加減な人間ではないだろう。

しかし問題はカラ爺の人間性よりもトレーニングと自己成長との関わりだ。

(あの爺さんの言うとおりにやる価値は本当にあるのだろうか)

松田にとって釈然としないのはこの点である。

自由が丘からの帰り、松田は書店に寄ってアルフレッド・アドラーの入門書を1冊購入した。無作為にめくってみたところ、確かにカラ爺が今日言っていたキーワードがいくつか目に入った。

しかしである。仮にカラ爺のトレーニングがアドラー心理学に基づいたものだとしても、実践したからといって自己成長を実現できるとは限らない。しかもいきなりあの割り箸を使った妙な訓練である。

松田は缶ビールに手を伸ばして振ってみた。空である。水割りでも飲むか、と立ち上がろうとしたとき、リビングのドアが開いた。妻の瑤子《ようこ》である。

「おっ、勇太郎のやつ寝たか」

「うん、やっと。あなたもテレビのボリューム、もうちょっと小さくしておいてよ。結構、向こうの部屋まで響くんだから」

「はいはい、わかりました。おっと。ちょうどいいや。水割り作ってよ」

「もお、せっかく一仕事終わったと思ったら、また仕事増やすの。うちには手のかかる子どもが2人いるみたい」

瑤子がグラスに氷を入れる音がする。松田はテレビの電源を消して、ステレオにスマホをつないでダウンテンポ系の音楽をかけた。

瑤子が水割りのグラスを松田の前に置くと言った。

「で、何とかってトレーニング、えーっと何だっけ？」

「自己成長トレーニング」

「あ、それそれ。で、どうだったの」

「うーん、それが微妙なんだなぁ」

松田はグラスに口をつけると今日あったことをかいつまんで瑤子に話した。

「ふーん。でも自分のことカラ爺って呼べなんて、妙な人ね。そんな人にコーチングが務まるのかしら。会社も会社よね」

松田の隣に座った瑤子はウーロン茶を飲んでいる。2人は社内結婚だから瑤子も社の事情にはそこそこ明るい。

「あらやだ、もうこんな時間。あたしお風呂に入ってくるわ」

瑤子はコップをキッチンに戻すと、髪を巻き上げながら部屋を出ていった。

松田は瑤子の後ろ姿を見送ったあと、今日買ってきたアドラー心理学の入門書を再び手に取った。無造作にページをめくってみる。

（ん——）

松田はページをめくる手を止めた。気になる文字が目に入ったのである。そこにはこう書いてあった。


——勇気がない人が使う「確かに～しかし」

確かに人生の目標が不適切な場合、目標を修正することは重要だろう。しかし、目標を修正したからといって人生がうまくいく保証はない。ひょっとすると、いまよりも悪くなる可能性だってある。ならば、変化というリスクを取らずに、現状維持を貫くほうが安全ではないか。

このように「確かに～しかし」の論理を、人は人生の問題から回避する際に頻繁に用いるのである——。

（ちぇっ。嫌なこと書く著者だわ）

松田は溜息をつくと本を閉じてソファに放り投げた。グラスを手にすると一口喉に流し込む。部屋には4ビートの曲が緩やかに流れている。

松田にはポリシーがあった。

行き詰まったらいつもこのポリシーに立ち返ることにしている。

やれることはすべてやれ。やるなら全力を尽くせ——。

（七面倒臭いことは考えず、やっぱり今回もこの流儀でいくしかなさそうだな）

松田はグラスを揺らした。氷がグラスに響く。

＊

毎週月曜日、第1営業部のミーティングが7時半からある。松田がこれに間に合うように社に着こうと思うと6時過ぎには起きなければならない。

松田は半分閉じた目で歯を磨きながら今日のスケジュールに思いを巡らせた。何はともあれ本日の最優先事項は、移動体通信大手ＳＤモバイルの次年度広告計画に関するオリエンテーションである。

ＳＤモバイルでは翌年度の広告計画を前年度の秋に策定する。年間の活動プランや広告表現も含めたこの広告計画は、指名を受けた有力広告会社が競合でプレゼンテーションする。その上で最も企画が優れている広告会社がその年度のメイン広告会社に選ばれ、年間広告予算の6割を扱う立場になれる。以下、サブ広告会社が３割、残り１割をその他の広告会社に分配するのが慣わしだ。

松田にとってこの案件の成否は、来期の営業成績ばかりか、自身のキャリアにとっても試金石となる重要事項である。

というのも、松田は今期から前任者と交代でＳＤモバイルの担当窓口、いわゆるアカウント・エグゼクティブの立場になった。一方、博通堂はこの2年、ＳＤモバイルのメイン広告会社としての地位を保っており、担当替え直後にその立場を失ったとしたら、松田の面目は丸つぶれになるからである。

また、松田が受注に失敗したとしたら、本社営業本部の売上にもかなりの打撃を与えることになる。

何しろＳＤモバイルの年間広告予算は約５００億円である。メイン広告会社の扱いはその60％だから３００億円である。これがサブ広告会社に転落すると１５０億円になる。もちろん３番手など論外だ。差し引き１５０億円という損失は、他の企業からの売上で容易に代替できる額ではない。

松田は水栓のレバーを上げた。勢いよく出る水を両手ですくい顔を洗う。もう一度洗う。水を止めてタオルで顔をふいた。

鏡に映る自分の顔を見たとき、松田はカラ爺のことを思い出した。

（この忙しいときに自己成長トレーニングか――）

松田は鏡を見ながら口を開け、いま使っていた歯ブラシをもう一度手にすると、前歯で歯ブラシを固定して唇を閉めた。

やはりマヌケな顔である。

確かにこんな顔をじっと見ていたら笑い出したくもなるというものだ。

「あら、何してるの。ちょっとタオルを取りにきたんだけど」

鏡に瑤子の顔が映った。

「あ、いや。ほら、土曜日に話してた微笑む練習」

照れ隠しのためか、松田は歯ブラシを口にしたましゃべっている。

「あら、そう。私はまたお顔の体操かと思った。大変ね。でもへこたれちゃダメよ。ガンバレ松田勇二」

瑤子は松田の背中をたたいた。

「ちぇっ、人ごとだと思って」

松田は歯ブラシを口から取ると、もう一度洗って洗面化粧台のトレーに戻した。そして今度は歯ブラシなしで口の両端を上に持ち上げるようにしてみた。

第2のステップ

人が持つ劣等感、それは飛躍の原動力である

Tsuruhitinitisou

東急大井町線は土曜の午前10時台でも結構混雑している。

松田は車窓の向こうを眺めながら、よく働いた1週間だった、とぼんやり考えていた。

SDモバイルのような大型案件では社内調整に多くの時間を要する。こうした社内調整業務は野球チームの監督業のようなものだ、と松田は日頃から考えていた。

松田にとっての上層部はプロ野球で言うフロントに相当する。また選手は、マーケティング局やクリエイティブ局、プロモーション局、インタラクティブ局、媒体局などに在籍する専門技術を持つスタッフである。

松田はフロントの意向をくみ取り、選手であるスタッフに適切な指示を与えて、案件に合う優れた企画で競合とのゲームに勝たなければならない。

もちろん、だからと言って社外調整を疎かにするわけではない。SDモバイルの担当者と頻繁に接触して、案件に関する裏情報収集を行うのも松田の任務だ。もちろん気心の知れた担当者を夜の「飲み」に誘い出すのも仕事のひとつである。

要するに、社内調整が監督業だとすると、社外調整は探偵業みたいなものであり、松田はその双方をこなさなければならない。

車内アナウンスが次は自由が丘だと告げている。松田の思考の流れがSDモバイルから自己成長トレーニングに変わった。

(うーん。どう言ったものかなぁ――)

ほかでもない、カラ爺から与えられた課題に対する解答である。

SDモバイル関連の業務で忙殺されている間、松田はトレーニングのことを忘れていたわけではない。得意先でのミーティングに挑む前、さすがに割り箸や歯ブラシは使わなかったものの「頰に微笑み、周りは仲間」を心がけた。

また、社内や電車の中、あるいはマンションのエレベーターでも、微笑みを忘れず、周囲を仲間と思うようにした。

しかしである。微笑みで周囲を眺め、周りにいる人をすべて仲間だと考える努力をしても、松田に劇的な体験が起こったわけではない。

(仕方がない。ありのまま話すか)

松田があれこれ思い巡らしているうちに、眼前にはカラ・ガーデニング・ショップの白い壁があった。

ウッドチェアに腰掛けたカラ爺は、今日も前回と同じくオーバーオール姿だ。テーブルの上の冷たいアールグレイも前回同様である。どちらもカラ爺の好みなのだろう。

「さてユウちゃん、どうでしたか。頬に微笑み、周りは仲間の効果は？　何か変わったことが起こったでしょ」

松田は手にしていたグラスをウッドテーブルに置いて言った。

「はい。言われたとおりやってみました。社内で、得意先で、あるいは電車の中で。自宅マンションのエレベーターの中でも実行してみました」

「ふむふむ。それで」

「でも残念ながら、劇的な体験というのはこれと言ってなかったです。いつもと変わらないというか」

「ふむ、劇的な体験はなかった。ならばそれほど劇的でない体験はあったと」

「いや、まぁ、そういう訳でもないんですが」

松田は明確な回答を避けるように、アールグレイをストローでかき混ぜるともう一口喉に流し込んだ。

「では、ユウちゃん。混雑した電車の中を思い出してください。ユウちゃんは、頬に微笑みを絶やさず、周囲にいる人を仲間、友人だと考えている。このときユウちゃんはどんなことを感じましたか」

「どんなこと、と言っても……。うーん、そうですね。満員電車って、他の人の肘が当ったりカバンが気になったりで、とかくイライラしがちです。でも、確かに頬に微笑みを絶やさず、周囲にいる人が仲間だと考えていたら、あのイライラ感もちょっとはましだったような気がします」

こう言ったとき、松田はアメリカに出張した際の出来事をふと思い出した。

「そうだ。そのときの感じって、あのときの体験にちょっと似ています」

カラ爺は無言で微笑んでいる。続きをどうぞ、という様子だ。

「以前、アメリカに出張に行ったときに感じたことです。サンフランシスコの空港でチェックイン・カウンターの行列に並んでいるとしますよね。ボクは並ぶのが苦手なんですけど、でも、アメリカの空港だと不思議にイライラしないんですよ。

ところが成田に帰ってきて入国審査の行列に並ぶとするじゃないですか。すると途端にストレスが高まってイライラする。こんな自分に気づいたことがあります。

考えてみると、頬に微笑みを絶やさず、周囲を仲間だと考えたときの気分は、ちょっとアメリカの空港での行列待ちで味わった気分に似ているような気がします。周りの人もにこやかにしてましたからね」

カラ爺は椅子の背にあずけていた身体を起こすと言った。

「そう。そこですよ。ユウちゃん、人の脳にはミラー・ニューロンと呼ばれるものがあります。ご存知ですか」

「ミラー・ニューロン——。いいえ、知りません」

「もともとは猿の行動から偶然見つかった神経細胞です。ミラー・ニューロンは他の人が何かしているのを見ることで、自分も同じ行動をしているように反応します。実際には自分が行動していないのにもかかわらずです。鏡のように反応するからミラー・ニューロンというわけですね。

仮に自分の周囲の人が幸せそうに振る舞っていたとしたら、ミラー・ニューロンは自分もそう行動しているように反応するでしょうね。逆に周囲がイライラしていたらミラー・ニューロンは我々が知らぬうちにそれに従うでしょう。だからサンフランシスコと成田では、そこにいる人の気分が違っていて、それをユウちゃんのミラー・ニューロンが敏感に感じ取ったのではないですか」

「なるほど」

カラ爺はストローに口をつけるとさらに話を続けた。

「では、成田にいた人たちが、全員、頬に微笑み、周りは仲間と思っていたら、どうなっていたでしょう」

松田は足を組み直しながら言った。

「うーん、たぶん入国審査場の雰囲気はもっと違ったものになっていたでしょうね。それだとボクもイライラすることはなかったかもしれません」

「これは本日のテーマとも関係するのですが、そもそも私たちは共同体の一員として生きなければならない宿命にあります。所属する共同体がイライラしていたら、ミラー・ニューロンに言及するまでもなくユウちゃんにも悪影響を及ぼすでしょう。これはその共同体が負の方向に傾いていることを示していると言えるでしょう。

これを正の方向に変えることは、共同体のためでもあり、また共同体に所属する人のためにもなります。つまり、頬に微笑み、周りは仲間でもって、共同体を正の方向に向かわせる。だれかがこれを始めなければなりません。

1人が始め、2人になり、その数が増えていけば社会はより良い方向に向かうでしょうね。そしてユウちゃんは、すでにその1人になったわけです」

そう思いませんか、とカラ爺は松田を見た。

松田は腕組みしていた右手をあごにあてて首をわずかにかしげた。

(理屈では確かにそうだろう)

しかし松田にはどこか青臭い理想論のように思えた。自分1人が変わっても世の中が劇的に変化するとはとうてい考えられない。

「とにかく、頬に微笑み、周りは仲間の訓練は、１週間で終わるものではありません。これからも継続するようにしてください。私みたいにね」

カラ爺は満面の笑顔でウッドチェアの背もたれに身体をあずけて足を組んだ。

「では、本日の主題に移るとしましょうか。その前に河岸を変えましょう。今日、１時間遅くに来てもらったのは、食事をしながら話をしたいと思ったからです。向かいのレストランに行きましょう」

「でも、こちらのお店は」

「大丈夫。では」

カラ爺は席を立って表に出るとドアに掛けてあった木製の看板を手にして松田に見せた。「営業中」と書いてある。裏返すと「只今向かいで食事中」の文字が現れた。

「さあ、参りましょう」

カラ爺はドアに鍵もかけずに、道をはさんだ向かいにあるレストラン「木洩れ日」へとスタスタ歩いていく。

＊

「あら、カラ爺。いらっしゃい」

ボブヘアの女性が2人を迎えた。木洩れ日のママである。ママは松田に視線を移した。

「いらっしゃいませ」

ママは松田に丁寧にお辞儀をした。年齢は40代半ば過ぎだろうか。いや、もっと上かもしれないし、もっと下かもしれない。近年のアンチエイジング・ブームもあってか、女性の年齢はますますわからない。

「カラ爺のお連れ様？　また新しいディシプリン？」

「ま、そんなとこですかな。ランチを2つお願いします」

「はい、かしこまりました」

カラ爺は窓際の席に歩を進め奥の椅子に腰掛けた。テーブルは分厚いナチュラル・ウッド、材質は楢《なら》のようである。

お冷やとおしぼりを持ってきたママが松田に名刺を差し出した。

「はじめまして。レストラン木洩れ日の柏木美雪でございます」

松田は立ち上がって名刺を受け取ると、椅子に置いたカバンから自分の名刺を取り出した。イヤリングが揺れるママに松田は名刺を差し出した。

「こちらこそはじめまして。博通堂第1営業部の松田です」

「ちょうだいいたします。あら、素敵な笑顔ね。さぞかしおモテになるでしょう」

「と、とんでもない」

不意打ちのようなママの言葉に松田は照れ笑いをした。

「ユウちゃん。ママと私はもう20年以上も前からの付き合いなんですよ」

「あら、嫌だわ、カラ爺。私の歳がバレちゃうじゃない」

「そんなのバレたって、だれも困りはしませんよ」

「何言ってるの。私が困るじゃない」

ママは手を口にあてて笑った。白く細い指である。

「では、お食事、すぐご用意いたしますね」

ママは踵《きびす》を返してキッチンに消えた。

「すごい美人ですね」

「そりゃそうですよ。元モデルさんですからね。いや、いまでもたまにグラビアに出ているみたいですから、現役のモデルさんかもしれませんな」

「ふーん」

「ま、それはともかく、本日のテーマである劣等感の話をしましょうか」

松田は「貢献の栞」を取り出して「自分を変える7つのステップ」の第2番目のページを開いた。

「**第2のステップ　人が持つ劣等感、それは飛躍の原動力である**」と書いてある。

カラ爺は鼻歌を歌うかのように言った。

「実は我々が持つ劣等感が、先にもふれた共同体と深い関わりを持っています」

「劣等感が共同体と？」

「そうです。意外な組み合わせでしょ。でも、劣等感なくして共同体の発生は考えられません」

劣等感、それに共同体、これらが自己成長にどう関係するのか松田には皆目見当がつかない。松田はおしぼりを額にあてて続きの言葉を聞いた。

「我々人間を他の生き物と比較してみてください。人間は決して力があるわけではない。足が速いわけでもない。空を飛べるわけでもありません。魚のようには速く泳げません。人間は器官的劣等性を山ほど持った生き物です。そんな人間が生き残ろうとしたとき、太古の人はどうしたか」

　カラ爺の問いに松田は小首をかしげた。

「集団を作ったんですね。1人よりも2人、2人よりも3人のほうが、人間が本来的に持つ器官的劣等性を補うことができます。集団とはつまり共同体のことです。要するに人間が持つ器官的劣等性、そこから生じる劣等感が、人間に共同体を作らせた。このように言えるわけです。

　そして、この共同体を大きくしたものが、我々の住む社会です。つまりこの社会も、もとを正せば人間の劣等感が生み出したものなのです」

　ママがテーブルにパンやスープ、サラダ、さらにメインディッシュである鶏の煮込みを並べていく。

「これは美味しそうですね。そうだユウちゃん。今日は自家用車ではないですよね」

「はい、電車で来ました」

「じゃあ。ワインを頼んでもいいですか？　ＯＫ。ママ、赤ワインをお願いします」

「はい、かしこまりました」

ママはてきぱきとデカンタに入ったハウスワインを用意して、２人のグラスに赤い液体を注いだ。カラ爺はママに小さく会釈すると、早速グラスに手を伸ばしワインを口に運んだ。

「さぁ、ユウちゃんも遠慮なしにどうぞ。話は食べながら聞いてください」

「はい。そうさせてもらいます」

松田もグラスに口をつけた。松田好みのフルボディである。

「ユウちゃん。私はあなたといま言葉でコミュニケーションしていますよね」

「ええ」

「この言葉も人間が持つ劣等感が生んだものなんですよ」

「言葉がですか」

「だってそうでしょ。１人では生きられない人間は仲間を集めて共同体を作ります。しかし、そのためには相手との意思疎通、つまりコミュニケーションが必要になります。また集団を維持していくのにもコミュニケーションがいるでしょう。このコミュニケーションのための道具、これが言葉というわけです。こう考えると、言葉もやはり我々の劣等感から派生したものだということがわかります」

カラ爺は鶏の煮込みをナイフとフォークで切り分けて口に運ぶ。そのあとワインに手を伸ばした。松田はカラ爺がグラスを置くのを待ってワインを注ぎ足した。

「あ、どうもありがとう――。やがて言葉を身につけた人間は知性を発達させます。そうすると、人はいつかは死ぬという、厳然たる事実を知るようになるでしょう。すると永遠の宇宙に対して人間のはかなさを痛感します。ここにも劣等感が生まれます。これを補償するために人間は宗教や哲学を作るに至ります。あるいは自然が持つ美しさに対して自身の醜さを実感した人間は美術や音楽を発達させることになります」

「あらゆるものが人間の持つ劣等感を根源にすると――」

「そうなんです。かのアルフレッド・アドラーがまさにそう言っています」

「なるほど。でも、わからないな。共同体が劣等感から生まれたことと、ボクの自己成長がどう関係するんですか」

と、松田はパンにバターを塗りながら言った。

「あれ、ユウちゃんらしくもない。もっと頭を回転させてくださいよ。人間は等しく劣等感を持つ。違いますか」

「確かにだれもが持っていると思います」

松田はパンを食べている口を右手で少し覆いながら言った。

「劣等感は社会や文化を生み出すほどのパワーがあるんですよ。この劣等感が持つ巨大なパワーを自分の自己成長に活かさない手はありません」

「劣等感を自己成長のエンジンにする――?」

「ん、うまいこと言いますね。さすが広告マン。ということで、今週は先週の続きで、頬に微笑み、周りは仲間、これを実践し、その上で見知らぬ人でも仲間だと思って話しかけるよう心がけてください。そこで体験したことを次週報告してください。

加えて、ユウちゃん自身の劣等感が何なのかを、じっくりと考えてみてください。もし、その正体がわかるのならば、そちらについても次週報告してください。はい、本日のディレクションは以上です。さ、食事を楽しみましょう」

そう言うとカラ爺は、鶏をほおばり、ワインを流し込んだ。松田はカラ爺の空いたグラスに再びワインを注ぎ足した。

＊

翌日の日曜日、松田はミニ・クーパー・コンバーチブルに妻の瑤子と長男の勇太郎を乗せて、区立の総合運動施設を目指していた。

「勇太郎、今日の目標タイムは？」

赤信号の前で車を止めた松田は助手席の勇太郎に目を向けながら言った。

「うーん。44秒台かな」

「そうか。頑張れよ。スイミングは自分との競争だ。とにかくベストタイムを上回れば合格だからな」

「うん。わかってる」

松田は勇太郎の頭をなでた。

勇太郎がスイミング・スクールに通い出したのは2歳半のときだ。もともとは喘息《ぜんそく》気味だった勇太郎の身体のことを思ってスイミングを始めさせたのである。もっとも最初は健康な身体作りが目的だったが、息子の泳ぎが少しずつ上達してくると、松田は競争としてのスイミングを意識するようになっていた。

勇太郎が通うオーク・スポーツクラブは大手のスポーツジム運営会社で、都内にある同社7施設のスイミング・スクールに通う子どもの数は800人をくだらないだろう。今日はそのうち小学3年生以下の選手が集う競技会がある。

勇太郎はフリーの25メートルにエントリーしたほか、Bチームではあるけれど、フリー・リレーの第2泳者にも選ばれていた。

選手の控え室に勇太郎を送り届けた瑤子は、途中で大会プログラムを買ってきた。簡易印刷の冊子をめくっている。

「座席は指定じゃないけど、観戦場所はスクールごとに分かれているみたい。うちのエリアは……。これね。南ブロックだわ。ちょうどスタート台の近くみたいよ。ほら」

「お、そいつはいいね。さ、行こう」

ホールから短い階段を上がって観覧席入り口をくぐるとそこからプールを見渡せた。

「蒸し暑いな、こりゃ」

「エアコン、入ってないからね」

松田が大会を見学するのはこれが初めてである。のみならず、我が子が泳ぐ姿も数度しか見たことがない。2人は観覧席の通路をぬって南ブロックに向かった。

向こうに手を振る女性がいる。

「あ、松田さん。こっち、こっち」

瑤子に声をかけたのは竹山順子だった。勇太郎の友だちである翔太の母親だ。勇太郎と翔太は幼稚園もスイミング・スクールも同じである。

「竹山さん。お早うございます。ずいぶん早いわね」

「そうなのよ。翔太が張り切っちゃって、開場と同時に中に入るってきかなかったのよ。あ、松田さんのご主人。いつも翔太がお世話になってます」

翔太の母親は立ち上がると頭を下げた。

「とんでもない。こちらこそ勇太郎がいつもお世話になってます」

松田は軽く頭を下げたあと、隣に座っていた翔太の父親にも会釈した。

松田は居心地が悪かった。勇太郎の友だちの両親と交わるのが苦手だからである。松田は幼稚園の運動会などで別の家族と昼食をともにすることもあるが、松田から積極的に話しかけることはまったくと言ってよいほどない。

頬に微笑みを絶やさず、周りを仲間と考えるのは、こうした身近な人から始めるべきなのだろう。今日はそのいい機会かもしれない。

しかし松田は、「ちょっと缶コーヒー買ってくるわ」と言って、その場を離れてしまった。

競技が始まった会場では子どもの甲高い応援があちこちから飛び交いそこにコーチの低い声が混じる。年少向けの大会とは言え迫力はある。

勇太郎が出場する25メートル男子フリーはプログラム第3番で開会早々に巡ってきた。

勇太郎は全12組ある中の2組目の6コースである。飛び込みはまだできないから壁を蹴ってのスタートである。

「6コースよ。ビデオの準備はいい？」

「ああ、大丈夫だよ」

位置について。よーい。

短い電子音が鳴る。

選手がスタートを切り会場に歓声が響く。

松田はビデオカメラのモニター画面で勇太郎を追った。隣で瑶子が「ユウちゃん頑張れ。ユウちゃん頑張れ」と身体を揺らしている。勇太郎は8人中、6番といったところか。ゴールに近づくにつれ、松田も声を出して応援したくなる。

「それ、頑張れユウちゃん。もうちょっと。あー」

最後は7コースの子にかわされて、結局、勇太郎は7着だった。

「あっ、あなた。あそこの掲示板。タイムも撮っておいて」

松田は電光掲示板をビデオカメラで収めたあと、プールから上がったはずの勇太郎を探してみた。しかしどの子も身体つきがよく似ていて、いずれが我が子なのかがわからない。

仕方ないのでそのあたりにいる子どもを適当に撮ったあと、松田は録画ボタンをオフにした。

「おいおい。勇太郎って、こんなに遅かったの」

松田は瑤子に顔を近づけながら小さな声で聞いた。息子はもっと速いものだと、松田は勝手に思い込んでいたのである。

「うーん、勇太郎が遅いというよりも、周りの子が速いのよね。翔太くんが出る次の3組も年長さんのレースだから、勇太郎が決勝に残るのはまず無理ね」

「何だ、そうなのかよ――」

松田はビデオカメラをカバンに放り込むとチャックを閉めた。その音はどこか松田の舌打ちのようにも聞こえた。

＊

風呂から上がってきた瑤子は、長い黒髪をタオルではさむように拭きながら、ソファにいる松田の隣に座った。

松田はぼんやりとテレビを眺めている。

瑤子が松田の横顔を見た。

「どうしたのよ。帰りの車からずっと無口じゃない。食事のときもあんまりしゃべらないし。勇太郎が遅かったから?」

「うーん」

松田は視線をテレビから動かさずに曖昧な返事をした。

しかし図星なのである。

あれからフリー・リレーも見たのだが勇太郎のチームは最下位だった。松田はわが息子のふがいなさにがっかりしたのである。

「勇太郎だってずいぶん速くなったのよ。残念ながら今日はベストタイムを出せなかったけどね」

「でも、翔太くんと比べると、全然遅いよな」

「そりゃそうよ。だって、翔太くん、年長さんの表彰台に立ったじゃない。翔太くんと比べるとまだまだだけど、でも、勇太郎が前より速くなっているのは事実よ。大事なのはそこ。だってあなたも今朝ミニの運転席で、スイミングは自分との競争だ、なんて言ってたじゃない」

「そうだな。確かにそう言ったな」

松田は苦笑するとともに、昨日カラ爺が話題にした劣等感のことを思い出した。

そもそも劣等感というものは、何かと比べることで生じるものなのだろう。しかもそれは極めて相対的なものだ。

竹山翔太と比較すると、勇太郎の泳ぎは遅いだろう。しかしスイミングに通っていない子どもに比べると、勇太郎の泳ぎは速いかもしれない。

「あなたも水泳は得意じゃなかったんでしょ。あたしもだけど」

松田は瑤子に顔を向けると、微笑みながらうなずいた。

「そうだな。どっちも泳ぎが得意じゃないのに、勇太郎が得意なはずないよな」

残念ながら松田は、水泳だけでなくスポーツ全般がそれほど得意ではない。特に走るのはからっきしだ。球技は人並みかもしれないが、決してそれ以上ではない。こんなことを考えていたら、松田の頭にふと思い浮かぶことがあった。

「そう言えばオレが勇太郎と同じ幼稚園の年長のときだわ。リレーの代表でアンカーを走ったことがあるんだよ。で、勝ったんだけどね。とっても嬉しかった記憶がある。1番になって皆の注目を集めてさ。

でもね、小学校に入って2年生の頃になると、オレより速いヤツがいっぱい出てきてさ。リレーの代表なんて夢のまた夢。だからいまから思うと、幼稚園のとき他の子より足が速かったのは、単に早く生まれたからじゃないかと思ったりするわけよ」

「あ、それわかる。あたしも4月じゃない。最初はいいけどあとでダメなのよね」

松田は自分の幼少時を思い出すにつれ、自分の劣等感が、この小さい頃の記憶に隠されているように思えてきた。

確かに松田は、小さい頃から何でも1番を目指してきたように思う。しかし足の速さではもはや1番になれないことを小学校低学年で自覚した。これは子ども時代の松田にとってショッキングな出来事だったに違いない。

「案外このあたりにオレの劣等感があるのかも――」

「えっ、何か言った？」

「いや、何も。でも勇太郎のお陰で、カラ爺の宿題ができたような気がする」

「何よ、あなた。勇太郎のことじゃなくって、カラ爺のこと考えてたの？」

松田は首を振って瑶子を見た。

「違うよ。勇太郎にも関係することさ。確かに勇太郎は翔太くんより遅いけど、これからはそれをバネにして、翔太くんを目標に泳げばいいんだよな」

「そう。そういうこと」

「ま、親が親だから、オリンピックは無理だろうけど」

「何言ってるのよ。国体どころか都大会だってあやしいわよ」

競技会で疲れて熟睡している勇太郎の耳に、2人の大きな笑い声が届くことはもちろんなかった。

第3のステップ

キミは私的論理の虜になっていないだろうか

「笹井、篠塚。じゃあ、4時5分前に青山ガーデンビルのロビーで。時間厳守だぞ」

「はい」

「了解です。いってらっしゃい」

松田は第1営業部を出てエレベーターに向かった。2時から新宿にある映像制作会社のミーティングに出席したあと、松田は青山にあるジュピターPRへ向かう予定だ。同社はスポーツ選手のマネジメントおよびPR業務で近年成長著しい会社である。

実は今回のSDモバイルの案件にとって、このジュピターPRとの折衝こそが成否を分けるキモになる。

先週1週間かけた社内検討の結果、SDモバイルの来期イメージ・キャラクターに、若年から中年までの支持を得るスポーツ選手を起用することが決まった。

中でも最有力候補はサッカー選手として世界的に有名な香山慎一である。この香山のマネジメント業務を請け負っているのがジュピターＰＲなのだ。

こうした著名人を広告キャンペーンに起用する場合、広告会社ではキャスティング部門を通す場合が多い。ただし案件によっては営業担当者が直接動く場合もある。

今回の松田もそうだった。それにはちょっとした勝算があったからだ。

実は、かつてイベント制作会社に在籍していて、松田と何度か仕事をしたことのある楢《なら》井《い》という男が、ジュピターＰＲに移籍していまは営業を担当しているのだ。

深い付き合いではないものの信頼できる男である。松田は彼を通じて香山をがっちりと抱え込む算段だ。

「よお、松田。久し振りだな」

松田がエレベーターを待っていると肩を叩く男がいる。振り向くと上背は松田よりもある、あごひげの人物がいた。

「おう、枝野。元気か」

「ま、何とかな。そっちはどうよ」

「あぁ、なかなか大変だよ」

エレベーターのドアが静かに開いた。先客はだれもいない。松田と枝野はカゴの中に入り1階のロビーへと降りていく。松田が言った。

「キリントリー飲料の新製品そろそろ出るんだろ」

「ああ、出る。ジャンキースのヨシローを使ったプロモーションが来週からスタートだ。もうバタバタだよ」

「そうだったな。キャラはヨシローだったな。実はこっちもＳＤモバイルの案件で香山慎一を考えているところだ。今日はその初交渉だよ」

「なに、香山――。じゃあ、ジュピターＰＲへ」

枝野が複雑な顔をしたとき、エレベーターが1階に着いた。開いたドアの向こうでは、松田と枝野が降りるのを待ち構えている人が大勢いる。カゴの外に出て人山を抜けると、枝野が言葉を続けた。

「そうか。ま、うまくいくといいな。健闘を祈るよ。また今度一杯やろうや。じゃ」

枝野は松田の肩を叩くと、大股でロビーを横切っていった。

松田は枝野の後ろ姿を見送りながら、

「オレって最近、あっちこっちから健闘を祈られているような気がする――」

と、独りごちた。

＊

「松田さん、大変ご無沙汰しております」

応接室に現れたジュピターPRの楢井が何度も頭を下げながら松田のそばにやって来た。丸顔でノーネクタイ、お腹の出っぱりが少々目立っている。

「楢井さん、こちらこそ。お目にかかるのはかれこれ8年振りでしょうか」

「えっ、もうそんなになりますか」

2人は改めて名刺交換すると、松田が別の2人を紹介した。

「私の補佐の笹井と篠塚です。これからはこちらへ頻繁に来ることになると思いますのでよろしくお願いします」

楢井は笹井、次いで篠塚と名刺交換すると、話は早速SDモバイルの件に移った。

松田はSDモバイルの現状をかいつまんで説明した上で、なぜ同社が香山慎一を必要としているかを説いた。また、香山と契約が取れた場合、どのような使い方をするのか、映像制作会社からのプランをベースにそのあらましを説明した。

楢井は資料に目を落としながら松田の説明を聞き、ときおりメモをとっている。

「松田さん、趣旨はわかりました。これは香山にもふさわしい案件だと思いますよ」

「ありがとうございます」

「ただ——」

と、楢井は表情を若干くもらせた。

「何か支障でも?」

楢井はちょっと言いにくそうな素振りである。

「えーっと、ドタキャンのほうは大丈夫でしょうか」

松田は髪をかき上げながら訊いた。

「ドタキャン——。どういうことでしょう」

「あれ、松田さん、ご存知ないんですか。実は半年かもう少し前のことなんですが、博通堂さんから香山へのプロポーザルがあったんです。契約寸前のところまでいったんですが、土壇場でキャンセルになりまして。そうしたら我々に声をかけていてくれた同じクライアントさんが、香山ではなくヨシローを起用したというじゃないですか」

「ヨシロー――」と、松田はつぶやいた。

「で、調べてみたんです。そうしたら、ちょっと言いにくいんですが、どうも博通堂さんが競合対策のため、香山とヨシローをダブルで押さえてたみたいでして」

「そのときのクライアントって、ひょっとしてキリントリー飲料？」

「ええ、そうです。確か枝野さんという方が担当されていたんだと記憶しています。私の案件ではなかったんですが」

「枝野――」と、松田はまたつぶやいた。

「あのときはうちの上層部も、当て馬にされたとかなり激高しまして。ま、松田さんに限ってそんな心配は無用だと思うんですが」

「もちろんです。受諾いただけるのならば、クライアントには香山選手1本で提案するつもりですし、ましてや競合対策のダブルブッキングなど一切ありません」

「それを聞いて安心しました。では、上ともすり合わせて、早速方針をお伝えします。そうですね、週明けには回答できると思います。それまでしばしお待ちいただけますか」

「了解しました。我々としましては、来期のSDモバイルは香山選手にかかっている、という意気込みです。ぜひそのあたりを関係各位にお伝えください」

松田は深々と頭を下げた。それに合わせて笹井と篠塚も頭を下げる。

松田ら3人は青山ガーデンビルを出ると、正面玄関の車寄せに停車していたタクシーに乗り込んだ。

「汐留《しおどめ》のツインプラザまで」

運転手はメーターのボタンを押すと青山ガーデンビルから青山通りに車を出した。

「おい笹井。ドタキャンの話って聞いたことあるか」

前部座席に座っている笹井が黒髪をなびかせて振り返った。

「いえ、あたしは聞いたことありません。篠塚くんは」

笹井は松田の左隣に座る篠塚に話を振った。

「実はボク、そんな噂を耳にしたことがあります。ギリギリまで引っ張って最後に香山を切ったって。ボクなんかモッタイネー、と思いましたけど。なんせあの世界の香山を切るんですから」

松田は腕組みして今日エレベーターで出会った枝野の様子を思い浮かべた。確かに松田が香山の話をしたとき、枝野は少し慌てていたようだ。

（ちぇっ、何が健闘を祈るだよ。自分が荒らしときやがって――）

車は青山一丁目を右折する。松田は下唇を噛んで車窓の向こうを眺めた。

＊

週が明けた月曜日の午後一、ジュピターＰＲの楢井から松田のスマホに電話がかかってきた。香山慎一、ゴーサインである。

スマホを切ると松田は思わず指を鳴らした。

「おい、笹井、篠塚。香山のゴーサインが出たぞ」

「えっ、本当っすか。やったぁ」

「やりましたね、松田さん」

「笹井、いまからジュピターPRに行って、お礼がてら今後のスケジュールを確認してきてくれ」

「はい」

「それから篠塚。関係部署に香山のゴーサインを伝えてくれ。マーケやプロモーションには香山の方向で企画書の調整をしてもらってくれ。クリエイティブにはいまからオレが向かうから直接伝える」

「了解です」

松田はクリエイティブ局の担当プロデューサーである槙原に電話したあと第1営業部を出た。クリエイティブ局は1階下だ。松田が階段を駆け下りていくと、下から上がって来る男がいる。

「お、枝野」

「お、松田か」

２人は踊り場で向き合った。

「おい、枝野。香山慎一の件、話は聞いたぞ。ドタキャン食らわしたんだって」

枝野は顔をしかめた。しかしどこか芝居がかっている。

「あー、あれか。ジュピターＰＲには不義理なことをしたよ」

「ならばあのときそう言えよ」

松田は腕組みして枝野を見た。決して怒っているわけではない。困ったやつだなぁ、という態度である。枝野は素早くそのニュアンスを読み取った。

「悪い悪い。もう半年以上も前の話だったから、時効かな、って思ってさ」

「先方さん、かなり怒ってたみたいだぞ」

松田の言葉に枝野はまた大袈裟な表情をしてみせた。

「あら、そう。悪いけどうまくとりなしといてよ。この借りはまた返すからさ。じゃ」

枝野は松田の肩を軽く叩くと階段を一段抜かしで上っていった。

松田は枝野の背中を見送りながら小さく舌打ちする。

クリエイティブ局に向かった松田は、プロデューサーの槇原と短い打ち合わせをしたあと、一緒に新宿の映像制作会社へ向かった。ミーティングのあと、制作会社のスタッフと飲みに出かける約束をしていた槇原は松田も誘ったが、しかし松田は、先約がある、と丁寧に断った。

雑居ビルの表に出た松田は左腕のタグホイヤーを見た。5時50分を指している。

(まだ時間は十分あるな。ＪＲで行くか——)

松田の次の約束とは社用ではなかった。ついこのあいだ、松田は偶然、小学校時代に最も仲の良かった友人と再会した。今日はその旧友と食事をする予定だ。

帰途に着く会社員に混じって松田も新宿駅に向かった。

歩きながら松田は、先週末にあったカラ爺のコーチングを思い出していた。

いつもどおり穏やかなカラ爺に対して、松田は例の「頬に微笑み、周りは仲間」を継続しているものの、なかなかこれといった体験はない旨を伝えた。

また、自分の劣等感が小学生低学年に味わった徒競走に根ざすかもしれないと語ったところ、カラ爺はこのエピソードにことのほか興味を持った——。

*

「なるほど。ユウちゃんの劣等感は小学生の頃の徒競走に根ざしていると」

「ええ。ボク、小さい頃って、お山の大将だったんですよ。大将だったら何でも1番じゃなきゃいけないでしょ。でもあの徒競走で、世の中にはどれだけ頑張っても1番になれないものがあるってことがわかったような気がします」

カラ爺はウッドチェアの背に身体をあずけると腕を組み、さらに足を組んだ。

「ふーむ。ではユウちゃんは、それ以来1番になることを諦めたんですね」

松田はゆっくりと首を振った。

「そんなことないです。相変わらずお山の大将だったですから。運動がイマイチのことがわかってから、勉強では負けないようにしました。梅原さんっていう、頭のいい女の子がいて、その子と1番を争っていたような気がします」

松田は一旦口をつぐんだあと、若干言いにくそうに言葉を続けた。

「その関係でしょうか。実はボク、いまでも1番を目指しているんですよ」

「ほお。いまでも」

「笑わないでくださいね。いまは会社の営業職で1番になることを本気で目指しています」

「ほーお、社のトップ営業マンになりたいと」

「ええ。それがいまのボクの目標です」

少々照れくさかった松田は、カラ爺から視線をそらして店内に陳列してある植物をゆっくりと見回した。

カラ爺は「ふーむ」と言ったあとしばし無言である。何か思案しているようだ。そのあと背もたれから身体を起こすとこう切り出した。

「とってもいい話を聞きました。で、ユウちゃん、本日のテーマは何でしたっけ」

松田は「貢献の栞」を取り出してページをめくり、「自分を変える7つのステップ」の第3番目を読み上げた。

「**第3のステップ　キミは私的論理の虜になっていないだろうか**」

「そうですね。本日はこの言葉をそっくりそのままいまのユウちゃんに問いたいと思います。ユウちゃんは私的論理の虜になっていませんか?」

「私的論理――ですか」

「そう。アルフレッド・アドラーが劣等感に注目したことは先週話しました。そしてこの劣等感が原動力となって人は共同体や言葉、宗教や哲学を生み出しました。これはいわば劣等感パワーが正の方向に向かった結果です。ただし劣等感パワーがこれとは逆の負の方向に向かうことも考えられるでしょう」

カラ爺はおもむろに振り向くと後ろにある奇妙な枝ぶりの植物を指さした。

「ほらユウちゃん、あの植物を見てください。チュピタンサスと言います」

松田はカラ爺が指さすほうを見た。ねじれた幹のあちこちから空に向かって手を広げたような濃い緑の葉が伸びている。

「幹の曲がり具合が絶妙ですね。でも、あの幹が曲がったまま下を向いていたら、このチュピタンサスの値打ちはがた落ちでしょうね」

「それが負の方向、という意味ですか?」

「そのとおり」

カラ爺は立ち上がると棚にあった霧吹きを手にして、チュピタンサスに葉水をかけた。霧吹きをしながらカラ爺は話を続ける。

「人間も同じです。たとえばここに劣等感を強烈に感じている人物がいるとします。この人物が自分の持つ劣等性を人に見せないようにしようとしたとき、ひとつの方法として社会との接触を断つことが考えられるでしょう。いわゆる引きこもりですね。これは劣等感パワーを負の方向に向けた一例です」

松田は小首をかしげながらカラ爺の言葉を聞いている。これが営業職の1番を目指す自分とどのような関係があるのだろう、という様子だ。

「劣等感を解消するために、自分の得意分野で努力して、他の人よりも優越性を持つ自分という存在を社会に示すこともできるでしょう。これは劣等感パワーを正の方向に向けた例だと言えるでしょう。

でも努力して優越性を手にするには膨大な時間を要しますよね。そこで人は手っ取り早く優越感を得ようとします。大きな自動車に乗るとか、派手な衣裳を身に着けるとかしてね。これもやはり劣等感を負の方向に向けた一例です」

「それって優越コンプレックスのことじゃないですか」

「そう。そのとおり」

カラ爺は霧吹きをウッドテーブルの上に置いて椅子に座った。

「自分の劣等感を意識し過ぎるあまり、劣等感パワーを負の方向に向ける傾向を劣等コンプレックスと呼びます。引きこもりも優越コンプレックスも、どちらも劣等コンプレックスから派生したものです。実はこれらには共通点があります。わかりますか」

カラ爺はかぶりを振る松田を見ると言葉を続けた。

「いずれも自分だけの利益を目的にしている点です。そして自己利益のみを目的にすること、これを私的論理と呼びます」

「ちょっと待ってください」

松田がカラ爺の言葉をさえぎった。

「じゃあ、ボクが営業で1番を目指すのも自己利益のためだと」

カラ爺は一呼吸置いた。相変わらず頬に微笑みを実践している。

「その可能性が高いかもしれませんね」

カラ爺の言葉に松田はやや間を置いて答えた。

「よく考えてみてください。ボクが営業職で1番になったら、それは会社の売上に直結します。これは会社のためだと思いますが」

「なるほど。ユウちゃんが1番になることが会社にとっても良いことだと」

「そうです。売上に貢献するわけですから」

カラ爺は松田の言葉にうなずいたあと言った。

「営業職で1番になろうと思うと売上を上げなければならない。そうですね」

「もちろんそうです」

「では、売上を上げるにはどうすればいいんですか」

松田はあまりにもシンプルな問いに少し慌てた。

「えっ――。そ、それは。人より多く仕事をするというか、たくさん受注するというか……」

カラ爺は微笑みながら答えに窮する松田を見ている。

「なるほど。この問いに自信を持って答えられないところを見ると、ユウちゃんが会社で

1番になりたいのはやはり自分のため、私的論理に根ざすものなんじゃないですか」

松田は咄嗟《とっさ》に反論しようとした。

が、開けかけた口を閉じてしまった。

反論の根拠を説明できなかったのである。

「ほら、もう一度あのチュピタンサスを見てください」

松田は憮然《ぶぜん》としてチュピタンサスを見た。深い緑の葉には、カラ爺がかけた葉水が水滴になって光っている。

「下を向いていた幹がまた上に向いて、何とも言えない絶妙のねじれをかもし出しています。人間も同じです。真っ直ぐ上ばかり向いていても面白みがない。下ばかり向いているのはなおさらいけない。方向が間違っていたら修正する。こうすることで、幹に特徴的な曲がりが生まれるように、人間にも味が出てきます。これをその人の人間味、あるいは個性と言うんでしょうね」

松田は黙ってチュピタンサスを見つめていた。

「そこで問題となるのは、では、ユウちゃんが持つ幹の方向をどこに向かわせるか、ということですよ」

松田は視線をカラ爺に移した。

「ヒントは私がいままでこのトレーニングで話してきた中に埋もれています。ユウちゃんの劣等感に根ざすパワーをどの方向に向かわせるべきなのか。正しい目標とは何なのか。次週までに、ぜひ、その答えを見つけ出してみてください」

＊

松田がカラ爺の言葉を反すうしていると、新宿駅総武線のプラットフォームに普通列車が入ってきた。乗客が大量に下車する。

松田は乗降口左側端の座席前に立ち吊り革を手にした。すると居眠りしていた男が急に振り返る。慌てて立ち上がると電車を降りていった。

予期せず目の前の席が空いたので松田は腰掛けることにした。

電車が動き出す。その反動で、左隣で居眠りしている男の頭が松田の肩に触れんばかりになった。

(頬に微笑み、周りは仲間)

松田はそう念じるとともに、頬に微笑みを絶やさぬよう努めた。

確かにこうすれば、普段ならば鬱陶しい居眠り客の頭も気にならなくなる。この気分を持続させながら車内を眺めてみた。スマホやゲームに興じる者、音楽を聴く者、両手で吊り革をつかんで居眠る者、いろいろな人がいる。

(この人たちも私的論理で生きているのかなぁ――)

そんなことを考えていたら千駄ヶ谷に着いた。客が降り、別の客が乗ってきた。松田が乗降客をぼんやり眺めていると、松葉杖をついた初老の男が乗ってきて入り口からやや中程のところで松田に背を向けるようにして立った。

松田は反射的に立ち上がると男の肩をたたいた。

「もしもし、よかったらこちらへどうぞ。ボクは次で降りますから」

不自由そうに振り返った松葉杖の男は、最初驚いた表情をしていた。しかし微笑む松田を見て顔をほころばせた。

「ご丁寧にありがとうございます」

「とんでもない。さ、どうぞ」

「では、お言葉に甘えまして」

男はゆっくりと身を翻した。周囲の乗客は男が移動しやすくなるよう通路を空ける。座席に着いた男はもう一度松田に礼を述べた。松田は会釈で返した。

やがて列車は信濃町に着く。松田は「では、お大事に」と声をかけて下車した。男はそれに応えるように頭を下げた。

プラットフォームに出た松田は大きく息を吸い込んだ。

何だかとても幸せな気分なのである。

松田がしたのは、席を譲るという、極めてありふれた行為だ。こんなささいなことでなぜこんな幸せな気分になれるのか、松田にも不思議だった。

幸せな気分は松田の足取りを快活にし、その勢いで松田は駅の階段を上り切った。そのときふと感じた。

(ひょっとして、これが頬に微笑み、周りは仲間の効果かも――)

思うに、席を譲ったときの松田に逡巡《しゅんじゅん》などまったくなかった。松田は席を譲ることが当然のように無意識のうちに立ち上がっていた。

（この無意識の背後に、頬に微笑みをたたえて周りは仲間だと考えていた自分があったのかもしれない――）

確かベンジャミン・リベットの著作に書いてあったことだと思う。人間は何かの行動に移るとき、脳が意識する0・5秒前にすでに行動を始めているという。

仮にこの説が正しいとすると、人の行動を促すのは意識に上らない意識になる。この意識以前の意識を無意識と呼ぶとすると、頬に微笑みをたたえて周りは仲間と考えていた態度が、この無意識に影響を及ぼしたと考えることもできよう。

こんなことをつらつら考えていた松田は、いま起こった出来事をカラ爺にどうしても伝えたくなった。コンコースの端に寄ってスマホを取り出すと、松田はカラ爺宛のメッセージを作成した。

カラ爺様

土曜日はありがとうございました。

先ほど電車で松葉杖をついている男性に席を譲りました。

たったそれだけのことですが、いま、とっても幸せな気分です。

頬に微笑み、周りは仲間、このお陰かもしれません。

では、また次の土曜日に。


松田は送信ボタンを押すとスマホの時計を見た。約束の時間にはちょうど頃合いである。

松田は改札を出て青山一丁目方面に足を向けた。

坂をしばらく下ると、メール着信の合図があった。

メッセージはカラ爺からだ。

ユウちゃんへ
とうとうやりましたね。
さらなる健闘を祈ります！

カラ爺より

松田は苦笑した。

「また健闘を祈られちゃったよ」

と、独り言を言うと、スマホをポケットにしまって旧友と落ち合う場所に急いだ。

第4のステップ

人生の正しい目標とは共同体への貢献である

松田が旧友と待ち合わせた大正記念館は赤坂御用地に隣接する宴会場である。結婚式場としても人気の場所だ。

夏場になると記念館のメイン・レストランでは中庭の特設席でオープンエアの食事を楽しめる。夜間の明かりは中庭の周囲に配置したかがり火とテーブルのローソクだけで雰囲気はすこぶる良い。

アテンダーに中庭へ案内された松田は、すでに席に着いている桜木健一郎の姿を見つけた。

桜木が立ち上がる。松田が手を挙げる。2人は肩を叩き合った。

「よお、ユウちゃん。こないだはどうも」

「ごめんケンちゃん。遅くなって」

「いや、オレもいま着いたところ」

「あぁ、そうか。それじゃ良かった」

松田は席に着くと改めて桜木を見た。すでに周囲のかがりには火がついているが、太陽の残光であたりはまだ薄明るい。

先週のことである。博通堂がマーケティング全般を担当することになった新設美術館の案件で、大手ゼネコン大中林組の担当者が博通堂に来社した。

松田は直接の担当ではなかったが、営業本部長が松田を大中林組の担当者に引き合わせたのだ。奇遇なことにその1人が、松田の小学校時代の友人・桜木健一郎だったのである。桜木は小学5年生のときに、松田が高校まで過ごした富山から東京へ引っ越したから、2人が再会するのは実に二十数年ぶりのことである。

2人はまず生ビールで乾杯した。

「しかし奇遇だよな。こんなふうに再会するなんて」

ビールを一気に半分飲んだ松田は言った。

桜木も手の甲で口をぬぐいながら言う。

「いや、ほんとだよ。しかもユウちゃんがあの博通堂にいるなんて驚いたよ」

「オレもだよ。大中林組だろ。超一流企業じゃん」

「でも、あの名刺交換のとき。いま思い出しても笑っちゃうよ」

「ほんと。お互い顔を見ながら、あれっ、てもんで。で、名刺交換して名前を見たら」

「ユウちゃん」

「やっぱりケンちゃん」

2人が互いを指さす。かがり火が揺れたのは2人の笑い声のせいかもしれない。

2人は大学から現在の会社に入った経緯、社でのキャリアについて語り合った。学部は違うものの同じ大学だったのには驚いたものである。仕事でも過去にあわや遭遇というケースが何度かあったようだ。

「そうそう。いいもの持ってきたんだ」

桜木がカバンの中から幾枚かの写真を取り出した。

「小学校時代の写真だよ。ほら」

松田は写真を手に取るとローソクの明かりのたもとに置いた。揺れる明かりの下に日焼けした男の子たちが真面目な顔をして立っている。その真ん中でサッカーボールを脇にはさんでいるのが松田だ。

「うわっ。これオレ。これがケンちゃんだろ。これミムちゃんじゃない。あ、キシもいる。懐かし」

松田は別の写真を見た。地元の海岸で撮ったこれも集合写真だ。真ん中でビーチボールを抱えているのが松田である。その隣に桜木がいる。

次の写真は3人の男の子が肩を組んでいる。中央で笑っているのが松田で、その左側で半分目をつぶっているのが桜木だ。

「何だよ、これ。ケンちゃん、眠たかったの?」

「ははは。妙な顔で写ってら」

その次の写真は松田と桜木が並んで写っていた。2人ともいまで言う「いいね!」のポーズをとっている。当時だと「イエーッ」といったところだ。

最後の1枚はサッカー大会のときの写真のようだ。前列でしゃがんでいる、中央付近でボールを持っているのが松田である。

「でも、オレって、何だかいっつも真ん中にいねぇ?」

松田はしゃがんでいる自分を指さして言った。

「そりゃ、ユウちゃんは、オレたちのまとめ役だったからな。ユウちゃんが集まれーって言ったら、皆集まったじゃん」

「えーっ、そうだったかなぁ」

「そうだったよ」

「うーん。いまから考えると何だか恥ずかしいよ」

松田は手元の写真から炎が揺れるかがり火へと視線を移した。

2人が夢中でしゃべっているうちに、周りの客は1組減り、また1組減り、やがて閉店時間になった。松田と桜木は定期的に飲むことを決めて、その日は2次会なしで帰途についた。

揺れる電車の中で松田はもの思いにふけった。

桜木が持ってきたあの写真を見てから、松田には気になることがあるのだ。

いつも仲間の中央にいた自分のことである。

そもそも松田は自分が仲間作りの下手な男だと自覚している。息子の友だちの両親とさえ気軽に言葉を交わすことができない。ましてや、異業種交流会のように見ず知らずの人の中に身を置いたときなどなおさらだ。周囲の人に松田から積極的に声をかけることはまずない。いつも集団から離れた場に身を置こうとする。

しかし仲間内ではいつも中央にいようとする自分がいる。

ある意味で仲間の中央に身を置くことは、その仲間内でのトップ、つまり1番であることと、1番でありたいことを象徴的に示していると言えるのだろう。

（これは裏返して考えると、見知らぬ人の中では、人の輪の中央に自分の身を置けないから、1番でいられないから、その場にいるのが苦痛に感じるのではないだろうか――）

しかし、ある人が、すべてにおいてトップでいられないように、どのような場合にも人の輪の中央にいるのは不可能だ。

（結局オレは単に皆の注目を集めたいから1番を目指しているのではないか。ちょうど幼稚園のリレーのときのように――）

仮にこの考え方が正しいとすると、営業職で1番を目指すのは注目を集めるため、言い換えると自己利益のためであって、表面をどう繕おうと、決して会社のためではない。

(つまりオレは単に私的論理に動かされて、営業トップを目指していただけ――)

松田はさらに気がついた。常に1番でいること、常に人の輪の中央にいること、この不可能を可能にできる人物が世界にたった1人だけいる。

裸の王様――。

松田は大声を上げて笑い出したくなった。

(オレが目指していたのは、よりによって裸の王様だったのか――)

車窓に松田の顔が映っている。そこには旧友に見せた笑顔はない。そのままガラスに張り付いてしまいそうな表情である。

松田は右手で両目を覆ってしまった。自分の顔を見るのが嫌だったのもあったが、それよりも涙が出てきたのを隠したかったのである。

*

「そうですか。裸の王様ですか――」

カラ爺はペペロンチーノを口に運ぶと、そのあと赤ワインを一口飲んだ。合わせるように松田も赤ワインを飲むとグラスを置いてこう言った。

「もう、情けないやらで。涙が出てきました。冗談ではなく」

カラ爺は眼鏡の奥の目を大きくして微笑んだ。

「でもね、ユウちゃん。それがわかったのが死ぬ間際でなくって良かったですね。それだと痛恨事、死んでも死にきれませんよ」

松田は視線をグラスからカラ爺に上げて言った。

「そうですよね。死に際だといまさらどうしようもないですから」

「でも、ユウちゃんの場合、死に際までまだまだ時間があります。だからいまわかったのは幸運ですよ」

木洩れ日のママがテーブルに近づいてきてカラ爺のグラスに水を注いだ。

「何だか物騒なお話ね。死に際とか聞こえたけど」

「いえね。私もそろそろかと」

カラ爺はママにグラスを差し出しながら言った。

ママはカラ爺の背中を軽く叩く。

「何言ってんですか、カラ爺。この3人の中で最初に死に際を迎えるのはきっとあたしよ。だって、美人薄命って言うじゃない。オホホ」

「はいはい。本当の美人はそんなことを言いません」

「あら、ごめんあそばせ」

ママは松田のグラスにも水を注ぐと、アマリリスのように会釈してテーブルを離れた。

「美人で陽気で、きっといっぱいファンがいるんだろうな」

「そうでしょうね。でも、あのママだって、昔は気位が高かったんですよ。そうそう、気位と言えば竹馬男という面白い話があります」

「竹馬男——」

「はい。あるところに気位の高い男がいました。この男は背が低いのが悩みの種でした。男は自分の背を高くしようと、いつも竹馬に乗るようになりました。でも、竹馬をはいたまま電車に乗るのは難しいですよね。しかし男は訓練してそれができるようになりました。

でも、竹馬をはいてレストランに行くのは難しいですよね。しかし男は訓練してそれができるようになりました」

カラ爺はワインを一口飲むと話を続けた。

「さて、彼の人生は幸せなのでしょうか。死に際に充実感を得られるでしょうか。たぶん難しいでしょうね。何せ彼の人生の目標は私的論理に基づいていますから」

松田がペペロンチーノをたいらげて口を開こうとしたとき、カラ爺が右手の人差し指を立てた。

「もうひとつ背の低い男の話をさせてください。これは本当にあった話です。その男は背の低さに劣等感を持つ一方で、人から注目されたいと常に思っていました」

「どこかボクに似てますね」

と、松田が口をはさむ。カラ爺は微笑むと言葉を続けた。

「男は、自分の背の低さが目立たず、かつ注目を集められる人物になるために、ドラマーを目指したんですよ」

「ドラマー――。ドラムを叩く人のこと？」

「そうです。ドラマーだと座ったままですから背丈の低さを隠せます。また彼はヴォーカルも担当しました。世界一の歌って叩けるドラマーを目指したわけです」

ママが「ワインのおかわりは？」と尋ねてきたが、カラ爺は「いいえ、食後の温かいアールグレイを」と応じた。カラ爺は話を続けた。

「実際、その男が所属したバンドは世界的に有名になりました。でも、男の心は満たされなかったようです。酒に溺れるようになり、あるパーティーの晩、２階から転落して下半身不随になったんです」

「……」

「車椅子を強いられた男は、ある意味で初期の目標を達成したことになります。なぜなら車椅子だと立つ必要がありませんから。それだと背の低さを一生隠せます」

松田は腕を組むと小さく溜息をついた。

「間違った目標を達成したとしても幸せにはなれない、ということですね。ボクが裸の王様になったとしてもきっとそうなんだ」

「ふむ。そこで必要となるのが人生の正しい目標です。これについて考えるのが先週、ユウちゃんに示した課題です。答えは出ましたか？」

ママがアールグレイのカップをカラ爺、そして松田の前に置いた。松田はママに会釈するとカラ爺に言った。

「すいません。実はまだ答えが出ていないんです。答えが出たのは、ボクが間違った人生の目標、お恥ずかしながら裸の王様を目指していたことがわかった、ということまでです」

「なるほど。ときに先ほどのドラマーの話ですけど、まだ続きがあるんですよ。彼が素晴らしかったのは、下半身不随になったあと、両手だけで扱えるドラムキットを工夫して作ったことです。そして持ち前の歌声とドラム・テクニックで、素晴らしい音楽を次々と世に問いました」

「ほお」

「下半身不随になる以前、彼が所属していたグループにも素晴らしい曲が多数ありました。でも、彼が下半身不随になってからソロで世に出した曲は、従来と方向性が大きく変わるばかりか、人の心を大きく揺さぶったものです」

「何て名前なんですか、その人物って」

「ロバート・Wといいます。いまでも音楽活動をしていますよ」

松田は首をかしげた。松田も音楽にはうるさいほうだ。しかしこの人物の名を聞いたことはない。

「私はロバート・Wに会ったこともないし、ましてや会話したこともありません。しかし、下半身不随になって、彼の人生の目標が大きく変わったのではないでしょうか。それが彼の音楽の方向性にも表れたのだと、私は勝手に解釈しています」

しばし沈黙のあとカラ爺が言った。

「では、紅茶を飲んだら向こうに移りましょうか。話の続きはそちらで」

「ええ」

松田は小さくうなずいた。

＊

カラ・ガーデニング・ショップに戻ったカラ爺は、ドアの「只今向かいで食事中」の看板を裏返して「営業中」にした。

「では、ユウちゃん。早速始めましょうか」

「了解です」

松田は午後からカラ爺の店にある観葉植物の手入れを手伝う約束をしていた。そのため今日の松田は、ジーンズにポロシャツ、それにスニーカーという少々汚れても大丈夫な身なりだ。

「手伝ってもらいたいのはこいつの下葉の刈り込みです。葉の先がとんがっていて触ると痛いですから気をつけてくださいよ」

カラ爺は店舗前のスペースに、ソテツのような幹をしていて、そのてっぺんにヤマアラシのトゲのような葉を持つ植物を運んできた。

「変わった植物ですね。初めて見ます。何て言う名ですか。あ、痛っ」

「だから言ったじゃないですか。先週、仕入れてきたもので、ユッカ・ロストラータと言います。下側に枯れて茶色になった葉がたくさんついているでしょ。これを刈り取りましょう。はいエプロン。軍手とハサミはこっちに置きますね」

松田が園芸用エプロンをかけて紐を後ろで結ぶと言った。

「いやー、何だかこんな格好をすると、ボクもガーデニングのプロになった感じがします。どうです、似合いますか」

「ええ。よく似合ってますよ。では、まず元気な葉を束ねてと――」

カラ爺はまだ枯れていない葉をポニーテールのように紐で結ぶと、枯れ葉を1本つまんで松田に言った。

「ユウちゃん、できるだけ幹に近い部分で刈り取ってくださいね。こんな感じ」

カラ爺がハサミを入れる。乾いた音がする。

松田はカラ爺の手元を見ながらうなずいている。

「では、ハサミを入れながら先ほどの人生の目標について話を続けましょう。2週間前でしょうか、劣等感について話したことがありました。あのとき人間は器官的劣等性を補うために集団を形成するようになったと言いました。覚えてますか」

「ええ」と、答えながら、松田も枯れ葉にハサミを入れた。

「人類が集団をいつ形成するようになったかは定かではありません。ひょっとすると10万年以上も前のことかもしれません。これが現代まで脈々と続いているわけです。すごいと思いませんか」

松田は枯れ葉を落としながら言った。

「言われてみれば、確かにそうですね。あ、痛っ」

「ほらほら、気をつけて。だから集団の形成、共同体の形成は、人類とともにあったとも言えるかもしれません。ですから人は、好むと好まざるとにかかわらず、どこかの共同体に所属して生きることが運命づけられていると言えるでしょう。そして共同体に所属するメンバーである以上、自己利益を追求する前に、その共同体の維持発展に貢献しなければなりません。結局これが自分の利益につながります」

カラ爺は枯れ葉を落とす手を止めて松田を見た。

「共同体への貢献。これがあらゆる人に共通する人生の目標です。そして、この点を理解してもらうのが本日のトレーニングにほかなりません」

松田はジーンズの後ろポケットから「貢献の栞」を取り出してページをめくった。

「**第4のステップ　人生の正しい目標とは共同体への貢献である**」と記してある。

「前回、ユウちゃんにこう問いました。会社の営業職で1番になるには売上を上げなければなりません。では、売上を上げるにはどうすべきか。実は答えはとても簡単なんです」

松田は「貢献の栞」を手にしたままカラ爺の言葉を待つ。

「世間や人様に貢献すること、共同体である社会に貢献することです」

松田はカラ爺をのぞき込んだ。

「社会に貢献することが売上を上げるためにすべきこと——ですか」

「そう。だって考えてもみてください。ユウちゃんが何か人に貢献したとしましょう。その人は感謝の気持ちを表すでしょう。でも、気持ちだけでは不十分なときがありますよね。そんなとき人はユウちゃんにお金を支払います」

松田は「貢献の栞」をポケットにしまうと、再び枯れ葉にハサミを入れた。

「一方で何も貢献してくれない人に感謝しますか。ましてやお金を支払いますか。そんなことしませんよね。つまり我々は、社会に貢献して初めて、お金を得ることができます。これはとてもシンプルな真実です。

ところがこんなシンプルな約束ごとをとかく人は忘れがちです。あまつさえ、社会貢献などそっちのけでお金だけ手に入れようとします。これが私的論理の典型でしょうね」

松田のハサミの音が止まった。

「では、ボクが会社の営業で1番になる前に考えるべきなのは、いかに社会に貢献するかということ――」

カラ爺は松田をのぞき込むと空バサミの音を立てた。

「そのとおり。会社で1番を目標にするのではなく、社会への貢献を目標にすべきです。その貢献度が高ければ、会社で1番の売上を達成することも不可能ではありません。なぜならば、社会はより大きな貢献をした人に、より大きな報酬を支払うからです」

松田はハサミの手を休めたまま質問した。

「それでは、共同体への貢献、社会への貢献とは、具体的にどのようなものを言うのでしょう」

カラ爺が枯れ葉にハサミを入れる音がする。

松田はカラ爺が口を開くのを待った。

「共同体が善と考えること、社会が善と考えること、これに奉仕することです。かのアルフレッド・アドラーは、共同体が善と考えること、これをコモンセンスと呼びました。共同体に所属する人が普遍的に持つ価値観、と言い換えてもいいと思います。

ここでよく犯す誤りが、社会貢献を一部の人だけが行う特殊な行為だと考えることです。たとえば、ユウちゃんが何らかの製品を作ったとします。これを使った大勢の人が便利なもの、役立つものだと感じたとしたら、ユウちゃんはその人たちが善と考えること、すなわちコモンセンスに奉仕したという意味で社会に貢献したことになります。

広告もそう。ある製品があってユウちゃんがその広告の仕事をしたとしましょう。ある人がその製品の存在を広告で知り、使ってみたところとっても便利だった。製品と人を結びつけている点で、ユウちゃんの広告も素晴らしい社会貢献です。

このように、ボランティア活動だけが社会貢献ではありません。あらゆる企業活動は本来社会への貢献でなければなりません。なぜなら、そもそも社会に貢献しないのであれば、報酬は得られないのですから」

松田は「貢献の栞」に書いてあった「人生の正しい目標とは共同体への貢献である」の

意味が、ようやくわかってきたような気がした。

「アドラーは、その人が持つ人生の目標や、その目標へアプローチする態度をひとくくりにしてライフスタイルと呼びました。このライフスタイルは人が5歳の頃に形成されるとアドラーは考えたんですね。

ま、最近のアドラー心理学では10歳頃までだと考えていますが。

このライフスタイルは作り変えることが可能です。なぜならライフスタイルは虚構だからです」

「虚構――。どういうことですか、それ」

「子午線を考えてみてください。子午線は実在しません。人間が便宜上考え出したものです。つまり虚構ですね。しかし子午線は虚構だとしても私たちの生活に役立つものです。自分の位置を知るための重要な指針になります。

ライフスタイルも同じです。その人が生きていくために作ったその人の指針です。しかし虚構ですから、仮にその指針が間違っていれば作り変えることは可能です」

カラ爺は一旦言葉を切った。

松田は枯れ葉をさばきながらカラ爺の言葉を待った。

「ですからユウちゃん。ユウちゃんも私的論理ではなくコモンセンスに基づいたライフスタイルを考えてみてください。共同体への貢献を目標に据えてみてください。もはや過去は変えられません。しかし未来は変えられます。そして未来をより良くしようと思うと、いま変わらねばなりません。

いまから共同体への貢献を念頭に置けば、ユウちゃんが作り出す未来はきっと従来と異なるものに変わるはずです。そうすれば必ずや共同体感覚を感じられるはずです」

「共同体感覚──」

と、松田がつぶやいた。

松田は「貢献の栞」の最初のページに書いてあった言葉を思い出した。

「共同体感覚とは、自分が社会に役立っていると実感するときに感じる、あの独特の幸福感、あの独特の充実感です。逆に、自分が社会に役立っていないと感じるとき、人は深い挫折感を味わいます。仕事がない人が心に深い傷を負うのはこのためです」

カラ爺は松田をのぞき込みながらさらに言った。

「共同体感覚がどんな感じかは、すでにユウちゃんも知っているはずですよ」

「えっ、ボクが」

「ええ。このあいだ、松葉杖の男性に席を譲ったってメールをくれたじゃないですか。あのときユウちゃんが感じた感覚、あれが共同体感覚ですよ。仲間に貢献したときに感じるあの幸せな気分です」

松田は席を譲ったときの状況を思い出した。不思議なことに、ただ思い出すだけで、あのとき感じた気分が蘇ってきた。

「共同体感覚を得られるようなライフスタイル、とっても素敵だと思いませんか。仮に素敵だと思うなら、不適切だった人生の目標をほんの少しだけ修正しましょう。コモンセンスに基づいたライフスタイルに作り変えましょう。そうしたら、もっともっと共同体感覚を得られます。もちろんユウちゃんもね」

微笑むカラ爺に松田は静かにうなずいた。

そのあと2人はしばし無言で枯れ葉の掃除をした。

やがてユッカ・ロストラータは、茶色い下葉のない見事な姿になった。

*

松田とカラ爺は木箱に腰掛け、いま刈り込んだ奇妙な形の植物をやや離れた場所から観賞した。

「うーん。こいつはおしゃれだ。カッコイイ」

松田は腕組みをしながら、この植物を自宅のリビングに置いた情景を想像した。

カラ爺はハリネズミ頭をうっとり眺めながら言った。

「こうして見てると、人の形をしているようにも見えますね」

「おっしゃるとおりですね。いまにも動き出しそうだ」

「ところでユウちゃん。まだ時間大丈夫?」

「ええ、大丈夫ですけど」

「じゃあ、もうひとつ手伝ってくださいな。大きくなったサンセベリアがいくつかあるんです。それを株分けして植え替えたいんですよ」

「株分け。植え替え。ボクそんなこと初めてです。面白そうですね」

木箱に座る2人が笑いながらしゃべっていると、そこへ木洩れ日のママが道路を横切ってやって来る。

「あら、仲が良さそうね。何のお話」

「いえね。いまからサンセベリアの株分けと植え替えをしようと思いまして」

「あらそう。あたしはランチタイムの後片付けが終わったとこ。夕方まで暇だから手伝おうかしら」

「どうぞ、どうぞ」

「では失礼して」

と、ママは言うと、勝手知ったる我が家のように店内に入り、やがてエプロン姿になって戻ってきた。

「じゃあ、私もちょっと準備をしましょう」

ゆっくり立ち上がって膝を払うと、今度はカラ爺がショップの中に消えていった。

「ここいいかしら」

ママの言葉に松田が微笑むと、空いた木箱にママが腰掛けた。

「松田さん」

膝を抱きかかえるとママが松田を見る。松田もママを見た。

「カラ爺って、面白い人でしょ」

「ほんとですね。最初は大丈夫かなって思いましたけど」

「あたしも最初はそう思った」

と、言ってママが笑う。松田もつられて笑った。

「そう、面白い人というか、素敵な人なのよね。カラ爺って」

「そうですね。魅力的な人ですね」

「松田さん。カラ爺がなぜ、コーチング会社とガーデニング・ショップを営んでいるかご存知?」

ママの問いに、松田は以前そんな質問をカラ爺にしたことを思い出した。

「最初にお目にかかったときでしょうか。カラ爺にそんなことを尋ねました。そうしたらいずれ話すって」

「ふーん、そうなんだ。じゃあ、あたしが話しちゃおうかな。別に叱られることでもないし」

ママはロストラータに視線を移した。いや、もっと遠くを見ているのかもしれない。

「コーチングもガーデニングも、共通するのは気づき、なんですって」

「気づき――ですか」

「そう、何だか変でしょ。松田さんって、カラ爺のコーチングを受けてるんでしょ」

ママが松田に顔を向けた。紅いルージュが艶っぽい、と松田は思う。

「ええ、そうです」

「じゃあ、カラ爺が、人はしばしば間違った人生の目標を持つ、なんて言ってなかったかしら」

「言ってました。つい、さっきも言ってましたよ」

と、松田は笑いながら言った。

「あらそう。その間違いに気づいてもらい、正しい目標を一緒に考えて、その方向に背中を押すのがカラ爺のコーチングなんですって」

松田はママの言葉を聞きながら額の汗をぬぐった。

「実はあたしもカラ爺のコーチングで救われたことがあるのよ。あたし、昔は荒れててね。ま、それはどうでもいいんだけどね」

だれしも話し辛いことがあるようだ。松田は話を元の方向に戻すようにした。

「コーチングが気づきに関係するのはわかります。でも、ガーデニングで何を気づくんですか」

「それなのよ。ほら、自然に優しくとか、地球環境を考えるとか、こうしたスローガンを掲げる企業って、あるわよね」

「ありますね。いまだっていっぱいあります」

「カラ爺がこのお店を始める前、そうしたスローガンを掲げる企業を片っ端から訪問して植物園の設置を説いたんですって」

「えっ、民間企業に植物園を作れって――」

「そう」

ママはロストラータ、その背後に並ぶ鉢植えのオリーブ、さらにカラ・ガーデニング・

ショップの白い壁へと視線を移しながら言った。

「松田さん。カラ爺に会う前に観葉植物に興味ありました?」

「いえ、特にないです」

「じゃあ、カラ爺と会ってからは?」

「とても興味を持つようになりました。あれなんか自宅に置きたいくらいですよ」

松田はハリネズミ頭を指さしながら言った。

「うふふ。ロストラータは外で育てたほうがよく育つそうよ。それに、葉がちくちくして室内では危ないかもね」

「あ、そうか。そばを通るごとに、痛っ、とかね」

2人は大きな声で笑った。

「最近はマンションに住む人が多いじゃない。東京は特にそう。そうした人たちが植物に親しむ機会は減る一方よね。

だから気軽に入れる植物園を作って接触の機会を増やす。そうすることで植物に親しみを抱いてもらい、人と植物は同じ地球で生きる仲間なんだということに気づいてもらう。

結局それが自然に優しい人、環境保護に敏感な人を作ることになる。

だから、自然に優しいとか地球環境を考えるとか言うのなら、植物園を作りなさい。これがカラ爺の持論なのよ。このカラ・ガーデニング・ショップを作ったのもその延長なんだって」

「なるほど。スローガンよりも行動で示せ、ということですね。実際、ボクなんかもここで実物を見て植物に興味を持つようになったわけですし」

「そういうこと――。あ、行動の人が戻ってきた」

カラ爺は白い陶器の鉢に入ったサンセベリア・バキュラリスを抱えてやって来た。

「ん、何ですか。2人ともニヤニヤして」

「ううん、何でもないの。ね、松田さん」

「ええ」

ママの言葉に松田は微笑みながら答えた。

第5のステップ

より多く得る人から
より多く与える人になれ

Nemunoki

　1週間はまたたく間に過ぎて10月に突入した。SDモバイルのプレゼンテーションまであと2週間と少々である。

「あ、松田さん。企画書のマーケ担当箇所、修正が上がりました。確認お願いします」

「おう。サンキュウ、笹井」

「松田さん、クリエイティブの槙原プロデューサーが、平面のラフが上がってるからのぞきに来てほしいとのことです」

「ああ、槙原さんからメールがあったよ。さっき見てきた。篠塚、オマエは見た？」

「いえ、まだです」

「なかなか、いい出来だぞ。ちょっと見てこいよ」

「ほんとですか。じゃあちょっと見てきます」

「おう」

松田は椅子に腰を下ろすと企画書のチェックを始めた。指摘していた箇所は完璧に直っている。

（いつもはトラブル続きなのに、今回の案件は怖いほどスムーズにいく――）

上機嫌そうな松田を見ながら笹井が言った。

「松田さん、最近いつも楽しそうにされてますね。何かいいことでもあったんですか」

「えっ、そう。うーん、きっとこの案件がうまくいってるからじゃないか」

と言いながら、楽しそうに見えるのは、できるだけ心がけている「頬に微笑み、周りは仲間」の効果もあるのかもしれない、と松田はふと思った。

翌日の土曜日――。

松田は10時に自由が丘のカラ・ガーデニング・ショップにやって来た。

松田同様、カラ爺も上機嫌である。というか、松田は不機嫌なカラ爺をいまだかつて見たことがない。こういう人物のことを好々爺と呼ぶのだろうか。もっともカラ爺を本当の「お爺さん」扱いにするのは、まだちょっと早いような気もするが。

「ほら、ユウちゃん。これをご覧あれ」

ショップ内の床には先週植え替えたサンセベリア・バキュラリスが置いてあった。いずれも直方体の白い陶器から、棒状の葉が天井に向かって伸びている。長いものだと松田の胸くらいまである。

「先週植え替えたやつですね。元気そうじゃないですか」

「もともと強い品種ですからね。ユウちゃん、先週手伝ってくれたお礼です。こっちの大きいのを差し上げます」

「えっ、これを。いいんですか」

「いいですとも。部屋に置くとなかなかおしゃれですよ。しかも育てやすいですから初めての人にはお勧めです。配送しますから、ご自宅の住所をメールで送っておいてくださいな。ま、それはともかく、本日も本題に入りましょうか」

カラ爺はウッドチェアに腰を下ろした。松田もそれにならう。

「初日に話したことを思い出してください。このトレーニングは、まず自分の内面と向き合って自分自身の根本的な枠組み、すなわちライフスタイルを変えることから始めると言ったと思います。覚えていますか」

「ええ、覚えています」

「トレーニングの1回目から4回目までは、この自分の内面と向き合って、不適切だったライフスタイルを、適切なライフスタイルに変える作業に費やしました。適切なライフスタイルとは、私的論理ではなくコモンセンスに基づいたライフスタイル、社会への貢献を第1の目標にしたライフスタイルのことでしたね」

「はい」

松田はうなずきながら答えた。

「次に新たなライフスタイルでもって社会と新しい関係を取り結ぶことが必要になります。つまり内面から外面への展開です。この社会との新しい関係作りでは人が持つ人生の3つの課題に取り組まなければなりません」

「3つの課題——」

「初日にふれたと思います。対人関係、仕事、パートナーとの愛、この3つです。この3つは密接に関係しています。ですから、どれかひとつうまくいけば良い、というものではありません。3つすべてにおいて良好な成果を上げて初めて、人は人生で成功できます。そして、これら3つの課題について考えるのが、本日も含めた以後3回のトレーニングにほかなりません。今日はその中から、対人関係の話をしましょう」

松田は「貢献の栞」にある「自分を変える7つのステップ」の第5番目のページをめくってみた。

「**第5のステップ　より多く得る人からより多く与える人になれ**」とある。

「ときにユウちゃん。ユウちゃんは友だちを作るのが上手ですか?」

「いいえ、昔からとっても下手です。何だか自分から心を開くのが苦手でして」

「そうですか。私なんかパーティーとかで、知らない人とすぐ友だちになれますよ」

「カラ爺って、何となくそんな雰囲気ですよね。羨ましいですよ」

松田は頭の後ろで手を組みウッドチェアの背もたれにもたれかかった。

カラ爺は立ち上がると、棚に置いてあった霧吹きを手にした。ネムノキに葉水をやる。この木は夜に葉を閉じるから「ネム」の名を持つと言われている。カラ爺は霧吹きをしながら話を続けた。

「実は人生の3つの課題へのアプローチは共通します。すなわち、対人関係、仕事、パートナーとの愛から共同体感覚を感じることです。言い換えると、それぞれの課題について、コモンセンスに基づいたライフスタイルで接すること。ポイントはこれに尽きます」

カラ爺は天井から吊してあるツルニチニチソウのそばに移動して、縁に斑の入った葉に霧を吹きかけた。カラ爺の背に松田が言った。

「共同体感覚を感じること、つまり相手に貢献すること、ですね」

「そう。特に対人関係から共同体感覚を得ようと思うと、まず、相手と対等の関係だと思うこと。たとえ上司と部下の関係でも裸の人間としては対等です。

その上で相手を尊重し、相手に貢献すること。より多く得る人からより多く与える人になることが肝心です」

カラ爺は霧吹きの手を休めずに語り続けた。

「このとき注意すべきは、人が与えられるものは決して物質的なものだけに限らない、ということです。今度知らない人が集うパーティーに参加したら、頬に微笑み、周りは仲間の気分で、隣にいる人に語りかけてごらんなさい。相手に微笑むこと、相手に語りかけること。これも立派な与える行為です。

ユウちゃんの隣にいる人も、周囲に知り合いがいなくて、居たたまれない気分でいるかもしれません。そのときユウちゃんからもらった笑顔や会話は、その人にとってきっと素晴らしい贈り物になると思いますよ」

「カラ爺の話を聞いていると、知らない人に声をかけるなんて、何だかとっても簡単なことのように思えてきますね」

「そう、簡単なことです。あとは勇気を出して一歩踏み出すだけですよ。そう思いませんか、ユウちゃん」

「勇気を出して一歩踏み出すか——。あっと」

松田のスマホが鳴った。松田はカラ爺に「ちょっと失礼します」と断ると、立ち上がりながらスマホの画面を見た。「瑤子」とある。

「すいません、妻からみたいです。はい、もしもし。えっ——。はい、はい——」

松田の様子が変わったのを感じたのか、カラ爺は霧吹きの手を止めて松田を見た。

「は、はい。わかりました。高輪の聖梨木病院ですね。すぐ向かいます」

スマホを切ると松田はカラ爺に言った。

「よ、瑤子——妻が急に入院して、いまから手術するみたいなんです」

「交通事故ですか」

カラ爺が眉間にしわを寄せた。こんな怖い顔をするカラ爺は初めてだ。

「いえ、事故じゃないみたいです。子どものスイミングの練習を見学している最中に倒れたみたいで。とにかくボク、いまから病院に向かいます」

「それは大変だ。急がなきゃ」

「はい。では、カラ爺、また来週。妻の経過はメールで連絡します」

松田はカバンをつかむと、開いたままだった店のドアから表に出ていった。

遅れて表に出たカラ爺は、駅に向かって走っていく松田の後ろ姿を見送った。

＊

松田が高輪の聖梨木病院に着いたのは12時少し前のことだった。この病院は産婦人科の専門病院で、土曜日の午前は診療日だ。待合室にはまだ結構な数の人がいる。特に妊婦さんが多かった。

松田は受付カウンターにいた女性に尋ねた。

「すいません。先ほど松田瑤子という女性が緊急入院したと思うんですが」

「少々、お待ちください」

受付の女性は手元の受話器を取ると後ろを向いて何かを話す。電話を切ると女性は松田に向き直った。

「しばらくお待ちください。いま担当の者が参ります」

受付カウンターにある壁時計の秒針が1周しないうちに、ピンクの看護服を着た看護師がやって来た。

「すいません。松田瑤子さんの……」

「はい、夫です」

「ご苦労様です。では、こちらへ」

先に歩き出した看護師の背から松田は尋ねた。

「妻の容態はどうでしょう」

「ご安心ください。大丈夫ですよ」

看護師は歩きながら松田を振り返ると微笑んだ。

「病因は何なんでしょう」

「卵巣に血液が溜まってそれがねじれたようです。詳しくは先生から説明があります。手術は先ほど始まりました。2時間か場合によってはもう少しかかるかもしれません」

2人がエレベーターに乗ると看護師は5階のボタンを押した。

ドアが開くと小さなホールに黒いビニール張りの椅子があった。座っていた女性が立ち上がる。

「では、しばらくこちらでお持ちください」

看護師はドアの向こうに姿を消した。たぶん手術室があるのだろう。

「あの、松田勇太郎くんのお父様でしょうか」

椅子から立ち上がった女性が言った。

「はい。そうです」

「先程、奥様のケータイをお借りして電話しましたオーク・スポーツクラブの林です。いつもお世話になっております」

林はスポーツクラブ専用の白と紺のジャージ姿で丁寧に挨拶した。松田は勇太郎の練習を見学しにスイミング・スクールへ数度足を運んだことがある。しかし林に見覚えはない。

「こちらこそいつもお世話になっております。ご連絡ありがとうございます。しかし急なことで驚きました」

「松田さん、6階の見学室にいらしてたんですが、そこで急にお腹が痛くなられたみたいで。それで救急車を呼びましてこちらに」

「大変ご迷惑をおかけいたしました——。そうだ。勇太郎は」

「はい。ちょうど竹山翔太くんのお母様が一緒にいらしてまして、勇太郎くんを預かってくださることに。さっき私のケータイにクラブから連絡がありまして、もう勇太郎くんは翔太くんのおうちにいらっしゃるようです。ですのでご安心ください」

松田は大きく息をついたあと、

「何から何までありがとうございます」

と、頭を下げた。

「とんでもないです」

「あ、もうあとはこちらで対処できますから、クラブのほうに戻ってもらっても大丈夫かと。そうだ、タクシー代――」

「お気遣いありがとうございます。でも、電車で戻りますからお構いなく」

「そ、そうですか。では、一段落しましたらお礼にうかがいますのでそのときに」

「では、お大事に」

林は一礼すると踵を返してエレベーターのボタンを押した。ドアが開くとカゴの中に入りもう一度松田に頭を下げた。

林を見送った松田は椅子に腰を下ろした。スニーカーの底で床を打って時計を見る。溜息をつくと立ち上がって腕を組んだ。じっとしていられない気分だ。

松田はエレベーター・ホールを歩いた。踵を返すとまた歩く。これを何度か繰り返した。

ドアの向こうに消えた看護師が戻ってきたら容態を尋ねようと思う。しかしドアが開く気配はない。

代わりにエレベーターのドアが開いた。別の看護師が松田に軽く一礼してドアとは反対側の廊下に消えていった。

再び椅子に腰を下ろした松田は、また時計を見た。もう一度大きく溜息をつく。

(あれっ)

松田は女性の声がかすかに聞こえるのに気がついた。叫んでいるようだ。

松田は左手の廊下を見た。

続いて低い男のつぶやくような声が聞こえてくる。

「はい、頑張って。大きく息吸って。スー。はいて。ハー」

女性はそれに合わせて息をしているようだ。しかし松田には、女性がはく息だけしか聞き取れなかった。

どうやら近くに分娩室があるようだ。

松田は気を紛らわすかのようにスマホを取り出してメールをチェックした。

それでも小さな声が耳に入ってくる。

男の声の主はたぶん医者なのだろう。「頑張って」と「息吸って」「はいて」を繰り返している。これに混じって女性のあえぐ声、大きくはく息がする。

そのとき突然、本当に突然に、である。

赤ちゃんの泣き声がした。

「ほーら、出た。頑張ったね。おめでとう」

今度は赤ちゃんの泣き声に女性の泣き声が混じった。

松田は左手の廊下に向けた顔を正面に戻した。

（これが出産か――）

松田は瑤子の出産に立ち会っていない。だから出産の瞬間を体験するのはこれが初めてだ。やはり感動的なものなのだと松田は改めて思った。

しかし松田の心境は複雑である。一方で新しい生命が生まれ、その一方で生命の危機に瀕する人がいる。

もちろんあの健康な瑤子に限って大事に至るはずがない、と松田は思っている。しかし、これればっかりは医者の説明を聞かないことには落ち着かない。

松田はまた腕時計を見てしまった。

*

松田が看護師にドアの向こうへ案内されたのは、午後3時を少し回った頃だった。

「先生からお話があります。こちらでお待ちください」

松田は廊下に立った。正面が手術室のようだ。中がどうなっているのか松田にはわからない。

カーテンが開くと中年の女医が出てきた。赤い口紅が妙に目立っている。女医は小さく目礼すると言った。

「松田さんのご主人様?」

「はい」

「手術は無事終わりました。奥様もお元気ですよ」

「先生――。ありがとうございます」

松田は女医の顔をしっかり見たあと頭を深く下げた。

「で、病状は」

「はい。チョコレート嚢腫《のうしゅ》と言います。正式には卵巣嚢腫といって、卵巣に血液が溜まる病気です」

女医は左の親指を立てて、右手の人差し指を親指の付け根に置いた。

「普通、卵巣の大きさはこれくらいなのね。ここに血液が溜まって、奥さんの場合、亀の甲羅くらいになってました。持ってきましょうか。ちょっと待ってて」

カーテンの向こうに消えた女医は、しばらくすると銀のトレーを両手で持って現れた。トレーの上には膨れ上がった茶色の臓物が見える。

「これが奥さんのお腹の中にあったの」

「えっ、こんなに大きいものが」

「これがねじれたのよ。そりゃ痛いわよ。切ってみましょうか。いい?」

女医は左手だけでトレーを持ち、右手に持っていたメスを臓物に軽く当てた。

チョコレート色の液体がトレーに広がり、臓物は空気が抜けた風船のように縮む。

松田は目を見張った。

「だからチョコレート嚢腫」

「そう。色が似てるでしょ」

「先生。瑤子は、妻は子どもを産めるんでしょうか」

「大丈夫よ。卵巣って、こういうふうに2つあるでしょ」

女医は傍らにいた看護師にトレーとメスを渡すと両の親指を立てた。

「今回は右の卵巣を取っただけだから左の卵巣が残ってます。だから子どもは産めます」

松田は大きく息をついた。

「でも、早期に見つかって良かったわね。放っておくとこれが固まって癌になるのよ」

いまや液体だけとなったトレーを指でさしながら女医は言う。

「えっ、癌ですか」

「そう。念のため検査しておきます。結果がわかるのはだいたい2週間後ね。たぶん悪性じゃないと思うけど」

松田はさっき聞いた生まれたばかりの赤ちゃんの泣き声を思い出した。

「では、入院の準備をしますから、もうしばらくお待ちくださいな」

「はい。先生、本当にどうもありがとうございました」

女医は微笑みを残してカーテンの向こうに消えていった。

松田が瑶子の病室に案内されたのはそれから1時間以上も経ってのことだった。病室は3階隅の4人部屋である。入り口の前には番号2の箇所に「松田瑶子様」の名札がかかっていた。

相部屋と言っても患者の空間は十分に取ってあり設備も綺麗で整っているように見える。松田は2番のカーテンを開けた。眠っていたのだろうか。瑶子が目をゆっくり開けた。

「瑶子、大丈夫か」

「あ、あなた」

瑶子は顔を松田に向けながら言った。少し辛そうである。

「ごめんね、あなた」

「何言ってるんだよ。謝ることなんかないじゃないか。で、どう?」

瑶子は笑おうとした顔を少しゆがめた。

「ちょっと麻酔が切れてきたみたいなの。でもこれくらい平気よ」

松田は椅子に腰掛けるとカバンを棚に置いて、瑤子の手を握った。

「でも、驚いたよ。突然で」

「昨日の晩からちょっと調子が悪かったのよ。そしたらプールの見学室で我慢できなくなって。あ、勇太郎だけど、翔太くんのおうちに預かってもらってるから」

「ああ、オークの林さんから聞いた。迎えに行った際に礼を言っとくよ」

「ええ、そうして。明日は?」

「用事は何もない。着替えとかいるだろ。いるもの言ってくれよ。明日、全部持ってくるよ。それから翔太くんちの電話番号も教えてよ。迎えに行く前に電話するよ」

「そう、ありがとう」

瑤子は顔をくもらせて目を閉じた。また痛むようだ。

松田は握った手に力を入れる。

「大丈夫か」

「大丈夫よ。出産のときの痛さに比べたらこんなの全然平気」

「ふーん、そうか。やっぱり女は強いな。そうそう。出産と言えば、さっき、その瞬間に立ち会ったよ」

「えっ、どういうこと」

眉間にまだしわを寄せている瑤子が松田を見る。

松田はエレベーター・ホールで聞いた一部始終を話した。それに女医さんのことや見せてもらった臓物、その切開についても話をした。また、どうせわかることだと思い、癌の検査についても伝えておいた。

「でも、早期発見で良かったな。じゃあ、あんまり遅くなると翔太くんちにも悪いから、オレ、行くわ。明日、午前中に勇太郎も連れてくるから」

松田は立ち上がると棚に置いたカバンに手を伸ばした。

「あなた」

「ん――」

松田は満面で微笑むと瑤子にキスした。

「じゃあ、明日」

「うん。ありがとう」

松田は病院の表玄関を出る。腕時計を見た。午後5時を回っている。タクシーを拾った松田は運転手に三田五丁目と伝えると、スマホを取り出して瑤子に教えられた番号に電話をした。電話に出た竹山翔太の母親に礼を述べ、いまから勇太郎を迎えに行く旨を伝えた。

松田はスマホをポケットにしまうとタクシーの背もたれに身を沈めた。

竹山家が住むマンションは、松田が住むマンションから徒歩でも5分とかからない。松田は自宅には戻らず竹山家に向かった。

玄関では翔太の両親、史郎と順子が迎えてくれた。

「松田さん。奥さんご無事で本当に良かったですね」

「はい。ご心配をおかけしました。ちょっと痛みがあるみたいですが、普通に会話しています」

「おい順子、玄関で立ち話もなんだ。ちょっと中に入ってもらえよ。さ、松田さんどうぞ。ちらかしてますけど」

松田は少し戸惑った。翔太の母親とは何度か言葉を交わしたことがある。しかし父親の史郎とは面識はあるものの会話をするのはこれが初めてと言ってよい。

「で、では、お言葉に甘えまして」

「あっ、パパだ」

奥のドアから勇太郎がかけてきた。そのあとに翔太、妹の美樹が続く。

「ユウちゃんのパパ。こんにちは」

「こんにちは」

「翔太くん、美樹ちゃん。こんにちは。勇太郎、賢くしてたか」

「うん。ショウと美樹ちゃんと一緒に遊んでた」

「そうか」と言って、松田は勇太郎の頭をなでた。

「ママ、大丈夫?」

「ああ、大丈夫さ。すぐに良くなるよ。明日は一緒にお見舞いに行こうな」

「うん。やったー」

リビングに通された松田は竹山夫妻に改めて礼を言った。順子は瑤子が倒れたときの様子を詳しく語った。史郎は大事ではなく良かった、と繰り返して言った。

その間、子どもたちは、床に広げたカードに夢中だった。

＊

翌日の日曜日、朝10時過ぎ、松田は勇太郎を連れて聖梨木病院にやって来た。

「ママー」

「ユウちゃん」

瑤子は勇太郎の手を握ったあと頬をなでた。勇太郎は瑤子に抱きつこうとする。

「こらこら勇太郎。ママの上に乗ったらダメだぞ。で、どう、調子は？」

松田は瑤子の顔をのぞき込んだ。

「うん。昨日より全然まし」

確かに昨日の顔色に比べると明るさが戻っている。

「ほんと。顔色がずいぶん良くなってる。着替え。ここに入れとくな。寝られた？」

「うん」

「食事は？　食べられた？」

「昨晩は全然。朝はちょっとだけ食べた」

着替えを棚に整理し終えた松田は、椅子に腰を下ろした。

「そうか。でも、できるだけ食べるようにしないとな。で、退院までどれくらいかかるか聞いてみた？」

「真智子先生――ほら、手術してくださった女医さん。苗字は梨木っていうんだけど、この病院に同姓の先生が3人いるんだって。だから名前で呼んで真智子先生。朝の検診で先生に聞いたら、2週間くらいが目処じゃないか、だって」

「ふーん。2週間か」

松田は腕を組んで天井を見上げたあと視線を瑤子に移した。

「どうしよう、勇太郎のこと」

「そうね。よりによってうちの両親は海外旅行中だし、富山のお母さんは身体の具合もあるし。まだ詳しくは聞いていないんだけど、ここの病院に畳付きの個室があるんだって。そこに移ればあたしが勇太郎の面倒を見られるかもしれない」

「幼稚園は?」

「あたしが退院するまでお休みするしかないわね」

「うーん、そうか。とにかく、書類とか書かなきゃならないだろ。部屋のことはそのとき病院の人に聞いてみるよ」

「そうね。今日の明日だしね——」

松田は今日一日、瑤子のそばにいるつもりだ。事務手続きを済ませ、お昼は瑤子が病院食を食べるのと一緒にコンビニ弁当を食べた。

午後3時をちょっと過ぎた頃、マナーモードになっている瑤子のスマホに着信があった。松田と勇太郎は屋上にある庭園に遊びに行っていたから病室にはいない。スマホの画面には竹山順子とある。瑤子は小さめの声で電話に出た。

「竹山さん。昨日は本当にありがとう。うん、大丈夫。このとおり元気。え、いま病院の下——。勇太郎のこと——。ええ、大丈夫よ」

松田が屋上から戻ってくると、病室の入り口前にある長椅子に、竹山史郎と2人の子どもが座っていた。

「あっ、ショウ！」

「おっ、ユウちゃん」

「こ、これは竹山さん。昨日はどうもありがとうございました」

松田が頭を下げる。竹山も立ち上がって一礼した。

「いえいえ松田さん。こちらこそ、昨日手術で今日お見舞いに押しかけるのも失礼かとは思ったんですが、勇太郎くんのことが心配で。ちょっとでも早いほうがいいだろうって、女房と相談して」

「勇太郎のこと――。ま、とにかく中へ」

「いえ、私はここで。いま、女房が奥さんのところに」

竹山がそう言い終わるのとほぼ同時に病室のドアが開いて順子が出てきた。

「あら松田さん。何だか家族全員で押しかけちゃってごめんなさい」

「いえ、とんでもないです」

竹山と順子は互いに顔を見合わすと、竹山が松田に言った。

「実は勇太郎くんのことなんですけど、しばらくうちで預かりましょうか」

「勇太郎を、竹山さんのところで――」

「ええ。幼稚園もスイミングも翔太と一緒だし。勇太郎くんが1人増えたからって、うちはいつもどおりみたいなもんですから」

「竹山さん、ご親切にありがとうございます。でも、この病院に個室がありまして、そっちのほうはふさがってるんですが、明後日だと2人部屋が空きそうなんです。そこだと簡易ベッドで勇太郎も寝泊まりできそうなので」

松田が言い終わるのを待って順子が言った。

「でも、それだと勇太郎くん、幼稚園をお休みしなきゃならないでしょ。いま奥さんにも話してたんですけど、勇太郎くんを預かるくらいだったらうちで普通にできることですから。奥さんもご主人がうんと言うなら、とおっしゃってましたし」

「松田さん、うちはほんとに大丈夫だから。ほら、言うじゃないですか。子どもの友だちの親は皆友だちって」

「あら、あなた。それを言うなら、友だちの友だちは皆友だち、でしょ」

「おっと。ま、そうとも言うな。とにかく松田さん、こういうときはお互いさま。あ、そうだ。逆に今度うちの女房が入院したときには、翔太と美樹をお願いしますよ」

「ちょっとあなた。あたしを勝手に入院させないでよ」

「ははは、冗談だよ」

「た、竹山さん――」

松田は昨日のカラ爺の言葉を思い出していた。

より多く得る人からより多く与える人になる――。

(竹山さんは、より多く与える人へと勇気ある一歩を踏み出しているんだ。オレも下手に断らず、勇気を出して申し出を受け入れるべきなのかもしれない)

松田は勇太郎の意思を確認すると言った。

「竹山さん、ありがとうございます。では、お言葉に甘えさせていただきます。東京にいる妻の両親がいま海外旅行中で、週末には帰ってくる予定なんです。そうしたら勇太郎の面倒を見てもらえるので」

「そうですか。ま、とにかく明日からはうちのほうへ。な、勇太郎くん」

「えっ、ユウちゃんうちに泊まるの」

「そうよ。しばらく一緒よ」

と言って、順子が翔太の頭をなでた。

「やったー。ユウちゃん、オレと一緒に寝ようぜ」

「あーん、美樹も一緒に寝る」

「ははは。良かったな、翔太、美樹。そうだ松田さん。明日は月曜だし、勇太郎くん、今晩から泊まっていくといいですよ。晩飯は松田さんも一緒にうちで食べましょうよ。な、順子。鉄板焼きでもするか」

「それって、いいじゃない。松田さん、そうしてください。奥さんにはあたしたちだけで悪いんだけど」

「竹山さん――」

松田は竹山夫妻の心づかいに頭が下がる思いがした。

＊

その晩松田は、竹山家で夕食をご馳走になったあと、当面の着替えやら幼稚園のカバンやらを持たせた勇太郎を残して自宅に戻った。

シャワーを浴びてリビングルームに戻るとスマホに着信がある。

(カラ爺からだ――)

松田は折り返し電話をした。

「あ、もしもし。松田です。夜分すいません。土曜日は途中で失礼しました。先ほど電話をいただいたようで。ちょうどシャワーを浴びてまして」

電話の向こうからカラ爺の声が聞こえてくる。ちょっと電波の調子が悪いようだ。

「それよりも奥さんはどうでした。あれから連絡がなかったもんですから」

「すいません。バタバタしてまして。連絡が遅くなってしまって」

松田は瑤子の病状をかいつまんで説明し、手術は成功したこと、2週間ほど入院が必要なことを話した。

「ユウちゃん、それは大事に至らなくって良かったですね。でも、お子さんは、明日からどうなさるんですか」

カラ爺の問いに松田は竹山史郎とその妻順子の話をした。

「もうボク、胸が熱くなっちゃって」

「ふーむ、素晴らしいご家族ですね」

「息子の友だちのご両親と接する機会は前からありましたが、ボクはそのたびごとにあえて距離を置くようにしていました。いま思うとそれは、1番でいたい、人の輪の中央にいたい、そういう思いと関係していたのかもしれません」

「そうですね。息子さんのお友だちのご両親だと、当然お付き合いは対等でしょうからね。1番になるのも、いつも中心にいるのも所詮無理な話です」

松田はカラ爺の言葉が終わるのを待って言った。

「いまから思うと何だかバカみたいことをしてたような気がします。竹山さんのほうがボクより断然人間ができているのがよくわかりました」

松田が言葉を切るとしばし2人とも沈黙した。

「ユウちゃん――」

カラ爺がぽつりと言った。

「ライフスタイルは虚構です。いい方向に変えられます。もちろん対人関係もね」

松田はうなずきながら言った。

「はい。そうするように努めます」

「では、お大事に。奥さんによろしくお伝えください。おやすみなさい」

「おやすみなさい」

松田はスマホを切るとソファに寝転がった。

瑤子と勇太郎は今頃何をしているのだろうか、と考えた。

第6のステップ

誠意ある態度とは相手を思いやることである

Yucca Elephantipes

「松田さん。先ほど部長からうかがったんですけど、先週の土曜日に奥さんが入院なさったそうですね」

相変わらず書類が山積みになっているデスクでノート型パソコンの画面をにらむ松田に、笹井が心配そうな顔で言った。松田は振り向いた。笹井の後ろには篠塚もいる。

「そうなんだ。もうてんてこまいだよ」

「今頃で恐縮なんですが、手術も成功で良かったですね。あの、あたしにできることがあったら何でもおっしゃってください。できる限りフォローしますから」

「松田さん。ボクにも言いつけてください。勇太郎くんのこともあると思いますから」

松田は笹井と篠塚の顔を順に見ると微笑んだ。

「笹井、篠塚、ありがとう。恩に着るよ。ちょっと早くに帰らせてもらわなきゃならないことがあるかもしれないけどそのときにはフォローを頼む。で、万事うまくいってるか」

「はい」と、2人が同時に返事をする。

「よし、じゃあ、このまま一気にいくか——。おっと、電話だ」

松田はスマホの画面を見た。ジュピターPRの楢井である。

「はい、松田です」

「あ、松田さん。ジュピターPRの楢井です。お世話になります。ち、ちょっと急なんですが、これからお会いできませんか」

「ええ、大丈夫ですけど。でもどうしたんですか。ちょっと様子が」

「ちょっと電話では話しにくいことで——。とにかくいまからそちらにうかがいます」

「あ、楢井さん」

松田のスマホから通話の切れた音がしている。

松田は嫌な予感がした。

楢井が博通堂にやって来たのはそれから小一時間ほどのちのことだった。今日はそれほど暑くもないのに楢井はハンカチで汗をぬぐっている。

「どうも、楢井さん。じゃあ、あちらのブースへ」

「すいません、松田さん。場所は会議室にしてもらえませんでしょうか」

「会議室——。ええ、いいですけど。じゃあ、受付で空いてる部屋を確認しますね」

松田は受付嬢に会議室の空きを尋ねた。

受付嬢は手慣れた様子でマウスを操作する。

「じゃあ、楢井さん。こちらへどうぞ」

松田は第9会議室のドアを開けた。ローテーブルとソファの部屋で、6人程度が打ち合わせできるスペースだ。

「まぁ、どうぞ」

松田は右手で楢井をソファに促した。しかしうつむいた楢井はソファに座らない。代わりにカバンを床に置くといきなり土下座した。

「松田さん。も、申し訳ございません」

「ち、ちょっと楢井さん。いきなり、どうしたんですか」

松田は土下座などドラマだけの話だと思っていたから仰天した。自分1人が突っ立っているのも心苦しいので、松田は楢井の前に左膝をついてかがんだ。

「じ、実は――」

楢井の背中が小刻みに震えているのが松田にはわかった。

「SDモバイルの香山慎一の件、キャンセルにさせてください」

ドアをノックする音がしたあとトレーにお茶を載せた受付嬢が入ってきた。

2人の姿を見て表情が変わる。

「あ、お茶はいいですから」

松田は立ち上がると受付嬢に目配せした。楢井に振り返ると松田は言った。

「楢井さん、その格好では話もできません。とにかくソファへ」

「は、はい」

楢井は右膝を立てて立ち上がるとソファへ座った。

やがて話し始めた楢井はうなだれたままである。

「実はうちの会社、業界では女社長の楠本ゆり子がフロントマンとして有名です。しかし会社を実質的に取り仕切っているのは創業者でもある会長の木暮朝夫なんです」

松田はジュピターPRの女性社長楠本ゆり子とは面識があった。

しかし木暮朝夫の名を聞くのはこれが初めてだ。

「会長は日常業務には一切口を出しません。社長の楠本に全幅の信頼を寄せています。ところが今週の月曜日、月例の役員会で香山慎一の話が出まして。そうしたら香山の引き合いが博通堂さんからだと知った会長が激高してしまいまして」

「ど、どうして」

松田は身を乗り出した。楢井はうなだれたまま顔を上げようとしない。

「以前あったヨシローとのダブルブッキング、そのあとのドタキャンです」

「……」

「あの出来事があった当時も、確かに会長は激怒して、香山については今後一切博通堂さんからのプロポーザルがあっても耳を貸すな、と言っていたようです。ただ、うちの役員連中も、そのときは売り言葉に買い言葉だと思ってたようなんです。ところがそれが決して妄言ではなかったようでして。香山を袖にした会社がまた香山にプロポーザルとはどういう見識か、そんな取引はするな、と頑として譲らないのです」

枝野のドタキャンが今頃になって――。青天の霹靂《へきれき》とはこのことか、と松田は思った。

「我々も昨日、一昨日と会長の説得を試みました。今回話がこじれると、今後、博通堂さんとの取引が不可能になります。だからと頼み込みました。そうしたら、いいじゃないか、それでうちが倒産するならそれも本望だと、もうとりつく島もない状態でして……」

松田は腕を組んでソファに背をあずけた。まずは冷静になって、選択肢を考えよ、と自分に言い聞かせた。

「会長と談判していてもいたずらに時間ばかりが過ぎていくばかりです。これではさらに松田さんにご迷惑をおかけすることにもなりかねないと思い、ご報告に参上した次第です。誠にどうお詫びしていいのやら……」

楢井の言葉が終わるのを待って松田は言った。

「楢井さん。事情はわかりました。どうかお顔をお上げください。これは楢井さんのミスではありません。もとを正せば当方の身から出た錆です。それで、どうでしょう。早急に私を会長に会わせていただけるようセッティングをお願いできないでしょうか。その場で私から会長に過去の非をお詫びした上で、もう一度今回の案件について当方の思いを伝えたいと思います」

「松田さん――」

槢井は右手で両目を覆った。肩が揺れ鼻をすする音がする。

「どうしたんですか、槢井さん」

「実は私、松田さんに激怒されるのを覚悟でやって来ました。場合によっては、ボコボコに殴られるのも仕方がないと。それなのに……」

槢井はとうとうひきつった声を出して泣き出してしまった。

「槢井さん、私が怒ったところで、状況は私にも槢井さんにも良い方向には転びませんよ。お互いにとって良い方向とは、たぶん会長に香山選手のキャンセルを撤回してもらうことだと思いますよ」

槢井は顔を上げて赤い目で松田を見た。

「松田さん。ありがとうございます。会長との面談の件、承知いたしました。私も何とか粘って会長の説得を試みます」

槢井は深々と頭を下げた。

＊

松田は受付で楢井を見送ったあと腕を組んでつぶやいた。

「今日は8日か――」

SDモバイルのプレゼンテーションは20日である。表現案がほぼ固まりつつある現在、イメージ・キャラクターの変更は致命傷を意味する。

松田は第1営業部長大森のもとに向かった。緊急事態を報告するためである。

「部長、少々お話が」

大森は松田のただならぬ雰囲気を察した。

「うん。では、会議室で」

大森が席に着くのももどかしく、松田は楢井がもたらしたジュピターPR会長の一件を話した。

「で、ドタキャンしたのはだれ?」

「8営の枝野のようです」

「ふーむ。困ったやつだな……。しかし、もはや過去は変えられん。変えられるのは未来だけだからな――」

大森はつぶやくように言った。

松田は「あれ?」と思った。大森がカラ爺と同じことを言うからだ。

「で、松田くん。善後策は」

「あ、はい。まずジュピターPR会長と接触して非を詫び、改めて香山の出馬をお願いすることがひとつです。ジュピターPRの担当者の話を聞いていると、会長は誠意や誠実さを重視する方のようです。ならばこちらも誠意で勝負するしかないかと」

「なるほど。で、別案は」

大森は椅子の背もたれに背をあずけて足を組んだ。

「最悪の事態を想定して香山をはずしたプランに着手することです」

「何かあてはあるのか」

「以前クリエイティブの槇原さんから曲芸するイルカをキャラにする案がありました。この案だと残り時間でも方向転換は可能かと。質的にも問題はありません」

「そちらに乗り換える場合、ジュピターＰＲ会長との折衝のリミットは？」

「そうですね。今日は水曜日ですから――」

松田は腕組みをして視線を下に落とした。

「来週の月曜日いっぱい、といったところでしょうか」

「他の選択肢は」

「あまりいただけない案ですが、ジュピターＰＲからゴーサインが出なくても、香山でプレゼンを押し切ります。うちで案件を取れたら、さらにジュピターＰＲと折衝し、合意できない場合は他のキャラクターに差し替える――」

「それはダメだな。先の会長の話ではないが、それだとＳＤモバイルにもジュピターＰＲにも不誠実だ。特にジュピターＰＲには不誠実の上塗りになる」

「あ、はい。すいません。いまの案は撤回します」

「とにかく月曜までは会長の説得にあたれ。笹井と篠塚にはイルカ・キャラを使った方向での準備をさせるよう指示を出しておいてくれ。とにかく現状は会長の説得がメインだ。

私も上のルートからジュピターPRに接触する手がないか探ってみる」

「ありがとうございます」

2人は立ち上がると会議室を出た。そこへ偶然にも枝野が通りかかる。

「よお、松田。あ、部長。どうも」

松田と大森は顔を見合わせたあと、枝野に視線を移した。

2人に見つめられた枝野は不思議そうな顔をしている。

「えっ、何か——?」

「いや、何でもない」

大森は枝野の横を歩き去った。

「ま、過去は変えられない、ということだ」

松田は枝野の肩を軽く叩くと、同じく歩き去る。振り返った枝野は2人の背中を見ながら首をひねった。

楢井から会長との面談の件で松田に電話があったのはその日の夜だった。

しかし吉報ではない。

「松田さん。申し訳ございません――」

消え入りそうな声がスマホから聞こえてくる。

「会長に面談の話をしたところ、会う必要はないと、けんもほろろなんです。会長がこれほど強情とは思いも寄りませんでした」

松田は楢井の言葉を聞きながら髪をかき上げた。

「そうですか。よほどうちにお怒りなんでしょう」

松田はこう言いながら、こちらから攻めるしか手はないと考えた。

「ところで楢井さん。明日、会長は出社されますか」

「ちょっと待ってください――。はい。出社の予定です」

「何時頃でしょう」

「いつもは10時頃ですが」

「では10時前に私がそちらへうかがいます。アポなしで恐縮ですが、そのときにお目にかかれれば」

「わかりました」

ますます小さくなる声から、電話先の楢井がうなだれているのがわかる。

「何から何までお役に立てず申し訳ございません」

「とんでもない。では、明日10時前に。よろしくお願いします」

松田はスマホを切ると、大きく溜息をついて腕組みした。

＊

翌日、約束どおり10時前にジュピターPRを訪れた松田は、応接室で会長の出社を待っていた。

10時半を少し過ぎた頃、応接室のドアの向こうが騒がしくなる。ドア越しに楢井が会長の名を呼ぶ声が聞こえてきた。応じているのは木暮朝夫のようだ。

「楢井くん。何度言わせるんだ。私は会わないと言ってるだろ」

ドアが閉まる音が響く。部屋が元の静けさに戻った。

数分ほど経ったあとノックの音がする。

「失礼します」と、楢井が神妙な顔で入ってきた。

続いて楠本社長が現れた。

「いつもお世話になっております」

楠本は松田に一礼した。楠本の表情も固い。松田は慌てて立ち上がると、

「これは楠本社長。こちらこそお世話になっております」

と、頭を下げた。松田は楠本に促されて腰を下ろす。

「このたびは大変ご迷惑をおかけして誠に申し訳ございません。こちらとしましてはどうお詫びしていいのやら言葉が浮かばない次第でございます」

楠本は深々と頭を下げた。楢井もそれにならう。

顔を上げると楠本は言葉を続けた。

「事情は楢井がお話ししたかと存じますが、誠にお恥ずかしい限りでございます。企業統治がなっていないと言われても致し方ございません。ただ、会長木暮の決裁がないことには善処したくてもできないという点、松田さんにご理解いただけると幸いです。本当に不甲斐ない社長で申し訳ございません」

楠本はテーブルに手を添えて頭を下げた。

「楠本社長。お顔をお上げください。そもそもを正せば当社の不徳から始まった一件です。決して楠本社長や楢井さんのせいではありませんし、ましてや木暮会長のせいでもございません。むしろ当方が木暮会長に誠意を示してご寛恕《かんじょ》を請うのが筋かと思います。ちなみに会長は、いま会長室かどこかに入られたのでしょうか」

「はい、そうです」

楠本が固い表情のまま答えた。

「私をそちらに案内していただけないでしょうか。あ、決して中には入りませんので」

楢井は松田を会長室のドアの前に案内した。松田のあとには楠本が続く。

オフィスにいるスタッフは何が始まるのかと3人の肩越しに目を凝らしている。

松田は3度ノックするとドア越しに言った。

「木暮会長。初めまして。博通堂第1営業部の松田と申します。このたびは香山慎一選手の件でお世話になっております」

松田は言葉を一旦切った。

ドアの向こうからは物音ひとつしない。

「香山選手につきましては、過去に弊社におきまして不義を働き、御社に多大なご迷惑をおかけいたしましたこと、いまさらではございますが心からお詫び申し上げます。誠に申し訳ございません――」

松田はドアに向かって深々と頭を下げた。そのあと再びドア越しに言った。

「会長がお怒りになるのももとを正せば弊社の不徳に端を発したものです。お怒りを鎮めていただくのは難しいかもしれません。ですが、いま一度、香山選手につきまして私の話に耳を傾けていただくことはできませんでしょうか」

ドアの向こうで人の気配がした。木暮がドアに向かって歩いてきたようだ。

木暮は会長室のドア越しに言った。

「何だね、キミは。人の部屋の前で大声を上げて。香山についてはおたくとの取引を一切お断りすると楢井を通じてお知らせしたはずです。さ、帰ってください」

「木暮会長のお怒りはごもっともかと存じます。私としましても過去の非につきましてはただただお詫びするしかできません。しかし過去は修復できなくても、未来は変えられると私は固く信じております。どうか、私の話を聞いていただけませんでしょうか」

「だから何度も言うように、不誠実な会社から来た人の言葉など聞く耳を持ちません。楢井くん、帰ってもらいなさい」

フロアは静まりかえった。

松田はさらに言葉を継ごうとした。

が、思いとどまると楢井に小さな声で言った。

「楢井さん。アポなしで失礼いたしました。出直します。ただ私は諦めたわけではありません。ちょっと外で話ができませんか」

「わかりました」

「では、楠本社長、また出直してまいります。つきましては、是非ともおとりなしのほど、切にお願い申し上げます」

「松田さん。ご迷惑をおかけします」

楠本は背筋を伸ばして両足をそろえ、両手を前で合わせてお辞儀をした。

松田はオフィスの出入り口に向かう。そこで立ち止まると踵を返した。

「皆さん。お騒がせいたしました」

と言って松田は、フロアにいる人々に頭を下げた。

「ま、松田さん」

頭を下げる松田の傍らで、楢井はどうしていいのやらわからない様子である。

楢井とともに最寄りのカフェに入った松田は木暮のスケジュールを確認した。次回の出社は来週の月曜日だという。

もちろん松田はそれまで待っていられない。

「楢井さん、会長のご自宅はご存知ですか」

「もちろん存じております」

「今日の今日ではかえって失礼なので、明日の夕方あたりに案内してもらえませんか」

「松田さん。会長の自宅まで――」

「ええ。実は月曜日が折衝のリミットなんです。それまで何もせずに待っている訳にはいきませんので」

楢井は大きく息をついた。

「あれだけ罵倒されたあとなのに。松田さんって、タフですね」

楢井の言葉に松田は笑った。

「楢井さん。私にはモットーがあるんですよ。やれることはすべてやれ。やるなら全力を尽くせ。だれの言葉かご存知ですか」

「いいえ、知りません」

「意外かもしれませんが、ケンタッキー・フライドチキンを創業したカーネル・サンダースの言葉なんです。この人って、なかなか波瀾万丈の人生を歩んだ人なんですよ」

瀬戸際でも動じない松田の態度に感じ入った楢井は思わず言ってしまった。

「ま、松田さん――。微力ながら私も全力を尽くさせていただきます」

「楢井さん。ありがとうございます。では、明日の4時くらいに、会長宅に着けるよう調整しておいてもらえますでしょうか。もちろん会長には内緒で」

「了解しました」

と言うと、楢井はハンカチで両目をぬぐった。

＊

翌日、松田は楢井と連れ立って木暮の自宅がある一番町パークアパートメントにやって来た。マンションの正面玄関に続くエントランスの両脇にはクスノキとツツジの生垣が植わっていて、中に進むほど都会にいながら街の喧騒《けんそう》から隔絶されていく。

「いいところにお住まいですね」

「もともとは外国人ビジネスマン向けの高級マンションだったそうです」

松田は守衛に会釈するとインターフォンに向かった。

「何号室ですか」

「303号室です」

松田は軽く深呼吸すると背筋を伸ばして番号と呼び出しボタンを押した。

チャイムが鳴る。

しばらくすると上品な声がした。

「はい。木暮でございます」

「突然失礼いたします。私、博通堂の松田と申します。木暮会長はご在宅でしょうか」

「あら、ごめんなさい。主人は出かけておりましてただいま留守です。何かご伝言がございましたらお預かりいたしますが」

木暮夫人はモニターに映る松田の顔を見ながら言った。

「失礼ですが、木暮会長は何時頃お戻りでしょうか」

「そうですね。6時頃でしょうか」

「わかりました。では、博通堂の松田が参上したとご伝言いただけますでしょうか」

「かしこまりました。主人に伝えます」

「では、よろしくお願いいたします。失礼いたします」

「どういたしまして。ごめんくださいませ」

松田が一礼しているとインターフォンの切れる音がした。松田は腕時計を見たあと楢井に言った。

「お帰りになってすぐというのも失礼なので、7時半頃にもう一度訪ねてみます」

「あ、じゃあ私も」

「いえ、もう場所はわかりましたから、私1人で大丈夫です」

「いえ、私もお付き合いさせてください」

楢井は両目を大きく開き、両手を固く握りしめている。

そんな楢井に松田は口元をほころばせる。

「わかりました。じゃあ、7時半ちょっと前に敷地前の入り口のところで。私はこの近くに平面のデザインを発注している事務所がありますので、そちらに顔を出してきます」

「了解しました。では、7時半ちょっと前に」

松田が指定した時間に戻ってくると、楢井はスマホで電話をしていた。松田の姿を認めた楢井は電話をしながら軽く頭を下げる。

正面玄関まで来た松田は守衛に会釈すると、インターフォンに向かった。ゆっくりボタンを押すと、先ほどと同じ音色のチャイムが鳴る。

「はい、木暮でございます」

「失礼いたします。夕刻にうかがいました博通堂の松田と申します。夜分に失礼とは存じますが、木暮会長はご在宅でしょうか」

「少々お待ちください」

声が消えたあとしばらく時間が過ぎる。松田と楢井は目を合わせた。

「お待たせいたしました」

と、インターフォンから突然声がする。

「主人は帰宅しておりますが、具合が悪いと言って床に入っております。わざわざいらしてくださって恐縮なのですが……」

「あ、そうですか。では、博通堂の松田が参上いたしましたと、重ねてお伝えくださいますでしょうか。よろしくお願いいたします」

「かしこまりました」

「では失礼いたします」

木暮夫人はモニターを通して一礼する松田の姿を見つめていた。受話器を置くと画面の映像がうたかたのように消える。振り返るとソファで新聞を読む木暮がいた。

「あなた、追い返すなんてあんまりじゃないの」

木暮は新聞から目を離さずに言った。

「いいんだ。不誠実な会社からの使いだ。放っておけばいい」

「わたしには誠実そうな人に見えましたけどねぇ」

木暮夫人は小さな溜息をついた。

「でも、わたしは嘘をつくのは嫌ですから、今度いらしたら対応してくださいよ」

「ああ、わかった。しかしもう来ることはないよ」

マンションの敷地から道路に出た松田は、後ろを振り返り、そのあと天を仰いだ。

(万事休すか――)

松田はイルカ・キャラクター案の進行具合を尋ねようとスマホを取り出した。笹井の電話番号を表示して押す。

しかし、ダイヤルが始まる前に通話終了ボタンを押した。

(いや、月曜日までは何としても粘り抜こう)

松田は思い直すと楢井に尋ねた。

「楢井さん。明日の会長のご予定とか、わかりませんでしょうか」

「土曜日の午前中は奥様と一緒にテニスで汗を流されるはずです。しばらく前に骨折され、その後はプレイをひかえられていましたが、もう復帰されたと聞いています。通常はクラブで昼食をとったあと帰宅し、午後は自宅で読書などに時間を費やされるようです」

「では3時頃だとご在宅の可能性は高そうですね」

「そうですね――。って、松田さん、明日もここに」

「ええ。お会いせずにゲーム終了だと、きっと後悔すると思いますから」

「松田さん――」

楢井は思わず目を伏せた。

「す、すいません。私がふがいないばかりに。では、私もご一緒いたします」

松田は断ろうとした。

が、目に涙を溜める楢井の厚意を有り難く受けることにした。

「楢井さん、恐縮です。では、よろしくお願いいたします」

松田はその場で楢井と明日の段取りを簡単にすり合わせると社に戻った。

*

翌日の土曜の朝、松田は少し早い時間に竹山家を訪れた。

勇太郎を預けたこの1週間、松田が竹山家に顔を出せたのは一度だけである。松田は申し訳ない気持ちでいっぱいだった。

「私が全然顔を出さず、お世話になりっぱなしで本当に申し訳ございません」

「とんでもない。翔太も美樹も喜んでましたよ。何だかうちの子どもにしちゃいたいくらい。ねぇ、あなた」

竹山夫妻が笑った。

「竹山さん。一段落したら今度はうちに食事しに来てください。前回は鉄板焼きだったから、そうですね、今度は鍋なんかどうです」

「いいですね。楽しみにしてますよ。じゃあ、勇太郎くん、またな」

「おじさん、おばさん。どうもありがとう」

「ユウちゃん、また来いよ」

「うん、ショウ。ありがとう」

海外旅行から帰った瑤子の母親が、日曜日の晩から松田の自宅に泊まって勇太郎の面倒を見てくれることになっている。だから勇太郎が竹山家に泊まるのも昨日の晩が最後だったのである。

松田は紙袋に入った勇太郎の着替えを持って一旦自宅に戻った。

そのあと松田は勇太郎をせきたてるようにして聖梨木病院に向かった。あれから松田は瑤子の見舞いにも一度しか行けていない。

瑤子はベッドのヘッドボードにもたれかかって雑誌を読んでいた。

「ママー」

「あら、ユウちゃん。来てくれたの。待ってたわよ」

勇太郎は瑤子に抱きついた。瑤子も勇太郎を抱きしめた。

「こらこら勇太郎。ママに飛びついちゃダメだぞ」

松田は果物の入った袋を瑤子に差し出した。

「ごめん。なかなか来れなくって。どう、調子は」

「もう気分は爽快。食欲も普段どおり。このままだと太りそうよ」

「そうか。そいつは良かったな」

松田は腰を下ろすと椅子の背にもたれて足を広げた。

「あら、どうしたの。元気ないじゃない」

「うーん。ちょっとトラブってってさ。これからカラ爺に会いに行ったあと、そのトラブルの件で得意先に行かなきゃなんないんだ」

「それでスーツなのね」

「そう。戻りは何時になるかわからない。また連絡するからそれまで勇太郎を頼む」

「うん、わかった」

早々に病院を出た松田は自由が丘のカラ・ガーデニング・ショップに急いだ。

カラ爺はいつもどおりにこやかに松田を迎えた。

「すみません、遅くなりまして」

「いえいえ。それより奥さん、ご無事で何よりでしたね」

「いろいろご心配をおかけいたしました」

カラ爺はウッドチェアに座るよう松田を促すと自分も腰を下ろした。

「しかし奥さんの入院は不幸な出来事でしたが、それでお友だちの真心にふれられたのは幸いでした。ユウちゃんにとっては大きな勉強になりましたね」

「おっしゃるとおりです。対人関係はまず互いが対等の立場であることを理解する。その上で相手を尊重し、先に与える人になる。このことの大切さを竹山さんのご家族に教わったような気がします」

「同じような仲の良いお友だちが次々とできるといいですね」

松田はカラ爺の言葉にうなずくと、スーツの胸ポケットから「貢献の栞」を取り出した。「自分を変える7つのステップ」の第6番目のページを開く。

そこには「**第6のステップ　誠意ある態度とは相手を思いやることである**」とある。

「ところでカラ爺、先週、人生の3つの課題は、対人関係・仕事・パートナーとの愛、とおっしゃってましたね」

「はい。そう言いました」

「実は仕事でちょっとトラブってまして。今日は何かアドバイスをいただけないかと思いまして。今日のテーマはちょうど仕事についてみたいですし」

「ほお、どういうことですか」

松田は、博通堂が起こした香山慎一のドタキャン事件から、マネジメント会社の会長に面談を求めているが会ってもらえないことまでを、かいつまんで説明した。

「なるほど。その木暮会長の主張は筋が通っていますね。ただ、ユウちゃんに会わないというのは、少々大人気ない気もしますが」

「実は今日のトレーニングが終わったあと、もう一度、会長宅にうかがおうと思っています。それでも面会できなければ、月曜日にジュピターPRが入居しているビルの玄関で会長を待ち伏せしようかと思っています」

カラ爺は眼鏡の奥の目を、眼鏡のフレームと同じくらい大きく見開いた。

「夜討ち朝駆けですか。ユウちゃん、見かけによらずしぶとい性格なんですね」

「うーん。ほめられてるんだか、けなされてるんだか」

「いえ、リスペクトしてるんです。ほめるのもけなすのも上から目線の行為です。リスペクトする行為、相手を尊敬する行為、これは対等の立場からしか生まれません」

カラ爺は身を乗り出すと人差し指を立てて言葉を続けた。

「いいですか、ユウちゃん。私からのアドバイスその1。たとえ今回、香山選手のキャスティングがうまくいかなかったとしても、過去にあったドタキャンのせいにしてはいけません。それでは過去の原因が未来を決めると考える決定論になります。

そうではなく、我々の将来は自分が持つ目標によって決まると考えるべきです。これを目的論と呼びますが、アルフレッド・アドラーは徹底してこの態度にこだわりました。ですから、仮に香山選手のキャスティングに失敗したとしても、その責任は勇気を持ってユウちゃんが負うべきです。決して逃げてはいけません」

松田は「はい」と言ったあと口を固く結んだ。

「アドバイスその2。木暮会長には対等の立場で接しなさい。決して卑屈になる必要はありません。その上で誠意を持って非を詫び、誠意ある態度でユウちゃんの希望を述べるべきです」

「でもそれで木暮会長が心を開いてくれるでしょうか」

「ユウちゃん。『貢献の栞』にも書いてあるように、誠意ある態度とは、実は相手を思いやることなんです。思いやるとは、相手が喜ぶことを考えること、つまり相手の役に立つことだと言い換えてもいいでしょう。会社は相手に役立つと思うからこそ、財やサービスを提供するわけですよね。相手から取ることを考えるのではなく、相手の利益を考えることと。何よりもこれが先決です」

「多く得る人から多く与える人になる、これと考え方は同じですね」

松田がこう言うとカラ爺は大きくうなずいてさらに続けた。

「今回の案件では、木暮会長はもはや金銭に魅力は感じていません。金銭が目的ならば香山選手の案件をキャンセルしたりしないでしょう。ですから、ユウちゃんのプロポーザルが、金銭以外でいかに木暮会長の役に立つのか、その点を説明しなければなりません。それがユウちゃんに求められる誠意ある態度にほかなりません」

「SDモバイルの案件で香山選手を起用することが、いかに木暮会長のためになるのか。それも金銭以外の理由で――」

小さくつぶやいた松田は髪をかき上げてしばし黙考する。カラ爺も松田に合わせてしばらく口を閉じた。再びカラ爺が口を開いた。

「アドバイスその3。ある行為が相手に役立つかどうか、これを測る大切な基準があります。何だかわかりますか」

「コモンセンスに準じているかそうでないか——でしょうか」

「ふむ。間違いではありません。ただし注意すべきは共同体にはレベルがあるという事実です。最小単位の共同体をパートナーと築く家庭だとしましょうか。この場合のコモンセンスは家庭にとって善きことになるでしょう。

しかし家庭は地域コミュニティというより大きな共同体に含まれます。ですから、家庭にとって善きことでも、地域コミュニティにとって悪しきことならば、軸足は地域コミュニティのコモンセンスに置くべきでしょう」

「地域のコミュニティはさらに大きな共同体に組み込まれていますね」

「そう。地域コミュニティの論理も国という共同体から見れば不適切なこともあるでしょう。さらに国の論理も世界という共同体から見れば不適切かもしれません。ちょうどこんな感じです」

カラ爺は手元にあったプラスチックの鉢をテーブルの上に逆さまに置いた。その上に別の鉢をかぶせた。さらに別の鉢をかぶせる。重ねた鉢の丈はだんだん高くなった。

「このように共同体には多くのレベルがあります。世界という共同体の上にも地球という共同体があるでしょう。そこでは人や動物や植物が暮らしています」

カラ爺は立ち上がるとショップ内の植物を順に指し示した。

「実は地球という共同体から見ると、これらの植物も我々と対等の仲間なんです」

松田は木漏れ日のママの言葉を思い出した。

カラ爺がガーデニング・ショップを経営しているのは「人と植物は同じ地球で生きる仲間」であることを、多くの人に知ってもらいたいがためだということを。

カラ爺はさらに言葉を継いだ。

「では、最上レベルに位置する共同体とは何なんでしょう」

松田はカラ爺を見た。逆光で表情を読み取りにくい。

「たぶん宇宙なんでしょうね。少なくともアルフレッド・アドラーはそのように考えていました」

「宇宙ですか――」

「ま、いまのところ宇宙まで視野を広げる必要はありませんが、SDモバイルの件は、木暮会長の個人レベルや会社レベルといった論理ではなく、さらに上のレベルのコモンセンスを参照して対応を考えてみてください。きっと金銭よりも大切な価値、ユウちゃんが何のために仕事をしようとしているのか、どのような価値を木暮会長に提供しようとしているのか、その本質が見出せるはずです。それをきちんと説明すれば、ユウちゃんの誠意はきっと相手に通じますよ」

松田はカラ爺の言葉に、まだここで諦めてはいけない、と自分に言い聞かせるようにうなずいた。

＊

木暮会長宅を訪ねるために松田がカラ・ガーデニング・ショップのドアを出た。

カラ爺は見計らったようにオーバーオールのポケットからスマホを取り出す。

「あ、もしもし。ご無沙汰しております。お元気そうですね。はいはい、何とかやってます。電話したのはですね、実は第1営業部の松田勇二くんがうちのトレーニングに来てまして。はい、はい、そうです。聞くところによるとサッカー選手の香山慎一のキャスティングで問題が生じているようなんです」

こう言うとカラ爺は言葉を切り、ゆっくりうなずいた。

「そう、SDモバイルの案件のようです。松田くんは独力でトラブルを解決しようとしていますが、仮にもしこれがうまくいかなかったら、博通堂全社を挙げて香山慎一獲得に向けて動いてもらえませんか」

カラ爺はウッドチェアの背にもたれて足を組んだ。

「はい。そういうことです。ただし、松田くんが失敗した場合に限ってです。成否は月曜日にはわかるようです。はい。是非ともよろしくお願いいたします。しかし松田くん、なかなか骨のある好人物ですね。はい、はい。ええ、是非とも近いうちに一杯やりましょう。では」

カラ爺は電話を切るとスマホをポケットにしまった。時計を見た。針は12時半を指していた。食事をしに木洩れ日へ行こうか、とカラ爺は考えた。

第7のステップ

パートナーには献身で接することがすべてだ

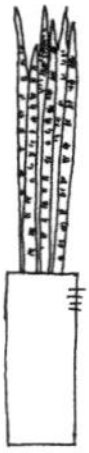

Sansevieria Bacularis

自由が丘から東急東横線に乗った松田は、渋谷でジュピターPRの楢井と落ち合い、イタリアン・レストランで腹ごしらえをした。

楢井は念のため今日の木暮会長の行動を探ってきたという。

「午前中、テニスクラブに確認したところ、やはり今日はクラブでトレーニングをされたご様子です。午後3時だとたぶんご在宅だと思います」

「楢井さん。今日は何としても会長と面談したいと思っています。門前払いをくらいそうになったら、楢井さんのご助力、是非ともお願いします」

「はい。実は私、会長の奥様には結構可愛がられてまして。最悪の場合、奥様経由で面談のお願いをしたいかと」

「それは心強い。是非ともお願いいいたします」

一息ついたあと松田は時計を見た。２時半ちょっと前だ。

「ここからだと30分くらいでしょう。ちょうどいい時間だ。行きましょうか」

松田が席を立って伝票を取ろうとする。それを制止して楢井が伝票を取った。

「こちらは私が」

「すいません。ではご馳走になります。じゃあ、タクシー代は私が」

しかし楢井がタクシーはやめたほうがいいと言う。

「うちの会長は公共交通機関を使うことをモットーにしています。もしかするとタクシーに乗っているところを見られて心証を悪くすることもあるかもしれません。時間もありますから地下鉄にしましょう」

松田に反対する理由はない。２人は東京メトロで渋谷駅から半蔵門駅に向かい、そこから徒歩で一番町パークアパートメントを目指した。

クスノキとツツジの生垣の間をぬって正面玄関に向かう。松田は守衛に挨拶した。守衛は松田の顔をもう覚えているようだ。笑顔で「いらっしゃいませ」と言う。

小さく深呼吸した松田は「３０３」と押し、そのあと呼び出しボタンを押した。しばらくすると聞き覚えのある女性の声がした。

「はい。木暮でございます」

「たびたび申し訳ございません。昨日うかがいました博通堂の松田と申します。木暮会長はご在宅でいらっしゃいますでしょうか」

「少々お待ちくださいませ」

木暮夫人はモニターに映る松田を確認すると、受話器を棚に置いた。振り返るとソファで本を読んでいる木暮がいる。

「あなた博通堂の松田さん。もうわたしは嘘をつくのは嫌よ。あなたが出てください」

木暮夫人は微笑みながらではあるが、しっかりした口調で言った。

木暮はテーブルに本を置くと溜息をひとつついた。リビングを横切ると受話器を取ってモニターに映る松田を見た。

(あれっ。この男――)

木暮はパネルのボタンを操作して、顔をアップにした。そのあとモニターに映すカメラ位置を切り替えた。来訪者の手元が映る。本来は不審者が妙な荷物を持ってきていないかをチェックするためのものだ。左腕にタグホイヤーをはめている。

（やっぱり、この男。あのときの男に違いない――）

木暮は受話器に出た。

「はい、木暮です」

松田はふって涌いた声に背筋を伸ばした。

「先日は大変失礼いたしました。博通堂第1営業部の松田です。お休みのところ、大変恐縮ではございますが、次回は月曜日までご出社されないとうかがい、こちらに参りました。香山慎一選手の件、お怒りとは存じますが、何卒ご面会をお許し願えませんでしょうか」

楢井がインターフォンに割って入ってきた。

「会長。楢井でございます。私からもお願いいたします。何卒松田さんとご面会いただけませんでしょうか。切に、切にお願いいたします」

楢井はインターフォンの前で繰り返し頭を下げている。カメラ位置を切り替えたモニターにその姿が映っていた。

「わかりました。お会いしましょう。いまロックを解除します。どうぞ、３０３号室へお上がりください」

ロックの解除音がする。

松田と楢井は顔を見合わせた。

＊

木暮夫人は2人を応接間に通したあとお茶を持ってきた。

「何度も来ていただいて申し訳ございません。楢井さんもお休みなのにご苦労様。あら、ちょっと太られたんじゃない」

「いやぁ、そうですか。だとしたら、きっとストレス太りです」

楢井が頭をかいた。木暮夫人が口元を押さえて笑う。

「すぐ参りますから。もうしばらくお待ちください」

やがて木暮朝夫が部屋に入ってきた。和服姿である。気取っている感じも、気負っている感じもしない。板についているというのはこういうことを言うのだろう。

松田と楢井は立ち上がる。

「会長。お休みのところ恐縮でございます。こちらが博通堂の松田さんです」

「はじめまして。博通堂第1営業部の松田です。本日はお休みのところお邪魔いたしまして誠に申し訳ございません」

木暮は松田から名刺を受け取ったあと自分の名刺を差し出した。

「ジュピターPR会長木暮です。ま、どうぞ」

木暮は松田に席を勧めた。2人は軽くお辞儀をすると腰を下ろす。木暮も腰を下ろすと松田の名刺を見た。つるに右手をかけた眼鏡と、左手に持った名刺との間隔をかなりあけている。

名刺をテーブルに置いた木暮が言った。

「さて、香山慎一の件ですな。松田さん、先日は当社にご足労いただいたにもかかわらず、私が面会せず失礼いたしました。しかしそれには理由がある――」

こう切り出した木暮は、以前にあった博通堂による香山ドタキャンの一件を話した。松田は木暮の言葉を神妙に聞いた。

「木暮会長。当社の非につきまして改めて私からお詫びいたします。大変申し訳ございませんでした」

松田は太股に手を置いて頭を下げた。

「ま、終わったことはしょうがない。しかし香山を袖にした博通堂さんが性懲りもなくまた香山にプロポーザルするとは、あまりにもご都合主義だと思いませんか」

「おっしゃることごもっともです」

「広告に香山を起用するともなれば何億ものお金が動くでしょう。それはうちの会社にとってもありがたいことです。しかし私はそれを蹴ってまで今回のお話はキャンセルするよう指示しています。それは仕事にはお金よりも大事なものがあるからです。そのことを博通堂さんにも是非ともわかってもらいたい」

「実は本日の面談で木暮会長にお話ししたかったのもその点にあります」

「ほお」

木暮はゆっくりとお茶を飲んだ。その先をうかがいましょう、という素振りだ。

「ＳＤモバイルが今回新たに投入する高速無線通信サービスは極めて画期的なものです。

私はこのサービスが商工業のみならず医療や教育にも大きな革命をもたらす可能性を秘めていると考えています。しかし、それを使う人がいなければ、結局は絵に描いた餅に過ぎません。したがいまして、この新たなサービスの良さをより多くの人に知らしめて、採用を促すのが、広告を担当する私の使命だと考えています」

「ふむ。それで」と、木暮は松田を促す。

「使命を全うする、すなわちより多くの人にＳＤモバイルの新たなサービスを日々の生活に役立ててもらうには、広告塔となる人材が欠かせません。そして香山慎一選手こそその人材に最もふさわしいと私は考えております。

香山選手が持つ影響力でより多くの人がこの新サービスを利用するようになれば、それはより多くの人に画期的なメリットを提供することを意味します。これは言い換えると素晴らしい社会貢献にほかならない。私は固くこのように信じております」

松田はテーブルに手をついた。

「木暮会長。社会貢献というより高い見地から、香山慎一選手の起用についてもう一度お考えいただけませんでしょうか」

松田は頭を下げた。髪がテーブルに触れている。

木暮は出がらしの紅茶を飲んだような顔をして腕を組んだ。

「松田さん。ひとつ訊きたいことがあります」

「何でしょう」と、松田が顔を上げた。

「仮にＳＤモバイルが世の中の役に立たないサービスを提供しようとしていたら、あなたはどうなさるのですか」

松田は答えた。

「その場合、広告の仕事を辞退することもあり得ます。企業が世の中に提供するものはおしなべて社会に貢献すべきものだと私は考えているからです。ましてやそのサービスが世の中に害を及ぼすとすれば、断じて仕事を引き受けることはできません。これは個人的な見解のみならず、社の考えも私と同じだと確信しております。

繰り返しになりますが、今回のＳＤモバイルの新サービスは社会を一変させるような力を持っています。これを世の中に行き渡らせるためにも、ぜひとも香山選手のお力を貸していただけませんでしょうか」

深々と頭を下げる松田を前に、木暮は腕組みをして目をつぶった。

しばし沈黙のあと、木暮は目を開いた。

渋面が一転してほころぶ。

「アッハハハ――」

顔を上げた松田、それに楢井は、突然笑い出した木暮を凝視した。

「社会貢献ですか――。これは参りました」

笑顔から再び厳しい表情に戻った木暮は、さらに言葉を続けた。

「いえね松田さん、私は常日頃からうちの社員に、心からありがとうと言ってもらえるような仕事をしなさい、と説いてます。そうだね、楢井君」

「はい。そのとおりでございます。よく、ありがとう力《りょく》を高めろ、とおっしゃいます」

木暮は大きくうなずくと話を続けた。

「青臭い表現かもしれませんが、ありがとう力が高い人とは、人から感謝される能力が高い人です。そもそも我々は人様から感謝されることで初めて人様からお金をいただくことができます。私は仕事にはお金よりも大事なものがあると先に言いました。お金より大事なのはまず感謝されること、心からありがとうと言われることです」

松田は木暮の言葉を聞きながら思った。表現こそ違うが、木暮の言っていることはカラ爺が言っていたことと意味は同じだ、と――。

「仮に感謝もされないのにお金をいただいてごらんなさい。それは人の気持ちに応えずお金を得るのですから詐欺を働いているのと同じだ。

そして、心から自然に湧くありがとうという言葉は、人様や世間様に奉仕したときに、松田さんの言葉を借りるならば社会に貢献したときに、初めてかけてもらえるものです。松田さんはその社会貢献への手伝いを私にせよとおっしゃる。より多くの人にありがとうと言ってもらえるような仕事の手伝いをせよと私におっしゃる。

よくわかりました。あなたなら信じられる。

一肌脱ぎましょう。いや、そのような話ならば一肌脱がせてください。香山慎一の件、お引き受けいたしました。どうぞ話をお進めください。いや、是非とも進めてもらえますでしょうか」

木暮はテーブルに手をついて頭を下げた。

「こ、木暮会長」

と、つぶやく松田の横で、楢井は握りしめた両手を突き上げて「ヤッター」と叫んで立ち上がった。

木暮が微笑みながら言う。

「これこれ、楢井くん。ところで、松田さん。私の顔を見てください。私に見覚えがありませんか」

松田は木暮の顔をしばし見つめた。そのあと小さく首をかしげた。

木暮は立ち上がると、応接室のドアを少し開けて言った。

「おい淑子。ちょっと松葉杖を持ってきてくれ」

「はい、ただいま」

奥から木暮夫人の声がする。やがて松葉杖を持った夫人が現れた。

「あなた、こんなもの何するんですか。もう足はテニスができるくらいまで回復しているじゃありませんか」

木暮は無言である。夫人から松葉杖を受け取った木暮は、和服のたもとをたぐって松葉杖を脇にはさむと、松田の前へ歩み出た。そして言った。

「ご丁寧にありがとうございます。では、お言葉に甘えまして」

松田は思わず椅子から立ち上がった。

「木暮会長。あなたはあのときの――」

木暮は大きな声で笑った。

「そうですよ。千駄ヶ谷から総武線の普通列車に乗ったとき、あなたに席を譲ってもらったあの松葉杖じじいですよ」

木暮はもう一度大きく笑うと、松葉杖を夫人に渡し、松田の左腕を3度たたいた。

松田は口を開いたまま次の言葉が出てこない。

楢井は唖然として松田と木暮の顔を交互に見ている。何のことなのかさっぱりわからないからだ。

「いえね、テニスの練習中に骨折しましてね。私は公共交通機関に乗って世の中のトレンドを見るのを旨にしています。ですから怪我の間も電車で通しました。しかし世の中、冷たいもんですな。松葉杖で電車に乗った約1ヶ月、席を譲られたのはたったの2度、2度だけですよ。その最初が、実は松田さん、あなただったんですよ」

楢井が繰り返しうなずいている。ようやく話が見えてきたようだ。

「私は席を譲ってもらったあと、お礼を言いながらあなたの顔を盗み見ました。さらに左腕のタグホイヤー、それも私の記憶に残っていました。しかも別れ際の、では、お大事に、という言葉、いまでも鮮烈に記憶に蘇ります。その御仁がリビングルームのモニターに映ってるじゃないですか。いや、驚きましたよ。これでは追い返すわけにもいかんでしょ」

木暮が言い終わるのを待って、夫人が木暮と松田を順番に見ながら言った。

「そうですか、この方が。あの日主人は、今日は電車で席を譲ってくれた人がいたよ、と嬉しそうに話してましたのよ」

再び木暮が口を開いた。

「もちろん席を譲ってもらったのと仕事の話は別物です。しかしさっきの社会貢献のお話だ。それこそまさにお金に先んじるものです。松田さん、私はあなたなら信頼できると確信しました」

木暮は松田に右手を差し出した。

「木暮会長。ありがとうございます」

頭を下げた松田も右手を差し出し、２人は握手した。

「松田さん、是非とも企画を通してください。そして、少しでも多くの人にありがとうと言ってもらえるよう、頑張りましょう」

「はい、木暮会長。何としてでも企画を通してきます」

楢井は２人の姿を半分泣きそうな顔で見ていた。

＊

「そうですか。それは良かったですね」

カラ爺はタルタルソースのかかった白身魚のフライをナイフで切ると口に運んだ。顔がほころぶ。白ワインを一口飲んでナプキンで口をふいた。

「本当に一時はどうなるかと思いました。でもカラ爺のお陰です。ほら、上のレベルの共同体が持つコモンセンスから物事を見るという話、木暮会長を説得できたのも、会社レベルではなく、社会レベルから見たお陰だと思っています」

「そうですか。お役に立てて私も嬉しいです。しかしだれもがひとつやふたつ上のレベルから物事を見るようになれば、世界から戦争なんてものはなくなるんですがねぇ。国や宗教なんかも実は虚構なんですから。ほら、ユウちゃんも飲みなさいよ」

カラ爺は松田にワインを勧める。松田はグラスを取って「どうも」と言った。

「ときに奥さんの具合はいかがですか」

「はい、お陰様で明日退院の予定です。日曜日だからボクも助かりました。でも、ここ1ケ月半、妻の入院に香山の件と、思えば本当にいろんなことがありました」

「そうですね。このトレーニングも残すところあと2回。しかも自分を変える7つのステップに関するディレクションは本日が最終回です」

「何だかとっても早かったです」

松田は「貢献の栞」を取り出して「自分を変える7つのステップ」の最終項目のページを開いた。

そこには「**第7のステップ　パートナーには献身で接することがすべてだ**」とある。

「まあ、食べながら話を続けましょう。人生には3つの課題がありました。何でしたっけ」

「対人関係、仕事、パートナーとの愛、この3つです」

松田はスープをゆっくりかき混ぜたあとスプーンを口に運んだ。

「そうですね。で、対人関係と仕事の話は済みました。残るはパートナーとの愛についてです。でも、ユウちゃんのところは仲が良さそうだから、この話は必要がないかもしれませんね」

「どうでしょう」

松田は照れ笑いをしたあと言った。

「でも、今回の妻の入院は、ボクにとって夫婦関係を見つめ直すいい機会になったように思います。何て言うのかな。使い古された言葉なんですが、妻の瑤子がボクにとってかけがえのない存在だということが、今回はっきりと理解できたと言いますか」

「かけがえのない存在――。いい言葉ですね。ユウちゃん、パートナーをかけがえのない存在だと認めたら自然に湧いてくる感情があるでしょょ」

「ありますね……。相手のために尽くそう、というような」

「そう。世の中ではそれを献身と呼びます」

カラ爺はバターを塗ったパンにプレートのタルタルソースをつけた。それを口に運ぶといかにも幸福そうに口を動かした。

「献身とは代償を求めない行為です。仮にユウちゃんがパートナーに何かをしたとき、相手が感謝の気持ちを示さないとしても怒ったりしてはいけません。だって感謝も代償のひとつだからです。代償を求めた時点で献身という行為は自己利益のための行為に早変わりします」

ワインを一口飲んだ松田の姿はうなずいているようにも見える。

「パートナー双方が自己利益ばかり追求していれば破局は時間の問題でしょう。また、パートナーのうち一方だけが献身的なのも悲しい関係ですね。もう一方が奉仕されるのは当然のことだと錯覚して、相手からより多く得ることばかり考えていては、やはり長期的に見て良好なパートナー関係は結べないでしょう」

松田は手にしていたワイングラスをテーブルに置いた。

オレも瑤子から得ることばかりを考えていなかっただろうか、と思ってみたりする。

「ですから理想は、パートナー双方が互いに献身的であること、この点が重要になります。そして献身的になるための最も重要で最も簡単な方法があります。何だと思いますか」

カラ爺はフォークとナイフの手を止めて松田を見た。

「うーん、何でしょう」

「私はねぇ、ユウちゃん。相手に話しかけること、相手の話を聞くこと、これがパートナーに献身する第1歩だと考えています」

カラ爺はフォークを立てて小さく振るとさらに言葉を続けた。

「思い出してください。人間は器官的劣等性を補うために集団を形成しました。そのときの道具が言葉です。また集団を維持していくための武器になったのもやはり言葉です。つまり言葉は、1人では生きていけない人間が、人と人を結びつけるために発明した道具にほかなりません。何万年も前に発明されいまだ廃れていないのは、この道具が私たちにとってとても有用だからです。だからパートナーと良好な関係を築くのにも、もっともっと言葉を活用すべきなんです」

今度は本当にうなずきながら松田はワインを口にした。

「実は今日、面白いことがあったんだ――。こんな何気ない一言から始まる会話がパートナーを幸せにします。するとパートナーもユウちゃんに何かを語りかけるでしょう。じっと耳を傾けてみましょう。すると今度は相手の言葉にユウちゃんが幸せな気分になるし、パートナーは相手が自分の話を聞いてくれることで、もっと幸せな気分になるでしょう。どうです。これって、互いが互いに献身している姿だと思いませんか」

「うーん、会話が献身なんて考えてみたこともありませんでした。でも、言われてみれば確かにそうですね」

「ユウちゃんも、奥さんをかけがえのない存在だと改めて感じたのならば、前よりも会話の量を増やしてみたらどうです。それは奥さんに対する、より献身的な態度になるに違いありません。

そして対人関係、仕事、パートナーとの愛、いずれにも共通するのは相手への献身、すなわち貢献です。だから『貢献の栞』――」

カラ爺はオーバーオールのポケットから使い古された小豆色の手帳を取り出した。

「あっ、カラ爺も『貢献の栞』を――」

カラ爺はウインクすると、ワイングラスを手にして松田に差し出した。松田もワイングラスを取るとカラ爺のグラスに合わせた。

チューブラーベルの音がした。

＊

「ただいまぁ」

ドアベルが鳴る音と一緒に松田の声が玄関ホールに響く。

「お帰りなさい」

瑤子が勇太郎と一緒にリビングから玄関に出てきた。

「パパ。お帰り」

「ただいま、勇太郎。賢くしてたか」

松田は勇太郎の頭をなでた。靴を脱ぎながら瑤子に笑顔を見せる。

「うーん。やっぱり帰ってきた家に瑤子と勇太郎がいると、ホッとするよ」

「ご心配をおかけしました。カバン持つわ。で、SDモバイルのプレゼンテーション、どうだった」

「人事は尽くしたよ。あとは天命を待つだけさ」

「そう。それはお疲れ様でした」

瑤子はカバンを前で持つとぺこりとお辞儀をした。

「あっ、そうだ。ちょっとこっち、こっち。夕方に大きな荷物が届いたのよ。加羅さんって、カラ爺のことよね」

「カラ爺から荷物——。何だろ」

松田がリビングに入ると縦長の白い段ボールが置いてあった。

送り状には確かに「加羅友一」とある。品名は観葉植物と記してあった。

松田が段ボールの箱をばらしていくと、中から鉢周りを丁寧に新聞で固定したサンセベリア・バキュラリスが出てきた。

「うわ、すごい。おしゃれじゃない」

「これ、オレがカラ爺と一緒に植え替えしたやつだ」

新聞を取り除くとメッセージカード用の小さな封筒が陶器の鉢に貼り付けてあった。松田は封筒を鉢からはがすと中からカードを取り出した。

ユウちゃんへ
遅くなりましたが、ユウちゃんが植え替えたサンセベリア・バキュラリスをお送りします。

奥さんへの愛とともに、大きく育ててください。

また、ご退院おめでとうございますと、奥さんにお伝えくださいね。

カラ爺

松田はメッセージを読むと瑤子に渡した。

瑤子はカードに視線を落としながら言った。

「実はもうひとつ荷物があるのよ。クール宅急便だったから先に開けちゃったけどケーキだったのよ。柏木美雪さんって方、知ってる?」

　瑤子はケーキに入っていたメッセージ・カードを取り出した。

「え、ママから?　カラ・ガーデニング・ショップの前でレストランをやっている人だよ。カラ爺に昼飯をよくご馳走になったお店」

「あら、そうなんだ。ご退院おめでとうございます。手作りケーキです。お口に合うかどうかわかりませんが、お召し上がりください、ですって。何だかいろいろ気をつかってもらって。ちゃんとお返ししなきゃならないね」

「そうだな」

テレビボードの横にスペースがあったので、松田は同梱してあった白い皿を敷いてそこにサンセベリア・バキュラリスを置いてみた。

「きゃー、おしゃれ!　ほら、ユウちゃん、見てごらん」

「うわー、おっしゃれぇ」

「ははは。さすが勇太郎もお目が高い」

風呂から上がった松田はビールを一気に飲み干すと、ビリヤードのキューのような葉が天井を指すバキュラリスにもう一度視線を移した。やはりカッコイイ。

　空いたグラスにビールを注ぎながら瑶子が言った。

「あなた、珍しいわね。テレビはつけないの？」

「えっ。あぁ、ちょっと思うところがあってさ。食事中は見ないことにした。食事中は瑶子としゃべることにするよ」

「何よ突然。気持ち悪いわね」

「実は昨日の退院の日、面白いことがあったんだ」

「えっ、なになに」

「オレ、精算しに会計に行ったとき、真智子先生がいて、癌の検査に問題はなかったって聞いたって、昨日話したじゃない」

「うん」

「そのとき真智子先生に、いろいろお世話になりましたって、挨拶したんだよ。そしたら先生、何て言ったと思う？　またいつでもお越しください、だって」

「えーっ、また病気しろってこと？」

「だからオレも言ったよ。今度は妊婦として連れてきますって。そしたら真智子先生、満面の笑みで、お待ち申し上げております、ってお辞儀するんだよ」

「ははは」

「オモシレー人だよな」

松田はデミグラスソースがたっぷりかかったハンバーグを箸で切り分けると口に運んだ。

「おっ、うめー。やっぱ瑶子の手料理に限るよ」

と言うと、松田はビールを喉に流し込んだ。

「あら、嬉しいこと言ってくれるじゃない」

瑶子は松田のグラスにビールを注ぐとさらに言った。

「知ってる?　あの先生。足の爪にネイルしてるのよ」

「足の爪に」

「そう。ほら、お医者さんだから手を使うじゃない。だから手の爪だとNGじゃない。だから足の爪なのよ、きっと」

「そうか。あの真智子デラックスにも乙女心があるんだ。驚いた。驚いた」

「ぷっ、真智子デラックス。うまいこと言うわね」

松田はビールを飲むと言った。

「でもさ、本当に2人目、作ってもいいんじゃないか。ほら、先生も片っ方の卵巣があるから大丈夫って言ってたし……」

「うーん。そうねぇ、今回みたいなことがないとも限らないし——。よし、もう1人作ろうか。ただし……」

「ただし、何だよ」

「2週間くらいしてからね。ほら、だってお腹を切ったところ、まだ怖いじゃない」

「おっと、いきなりそっちの話かよ。でも、確かに怖いかも——」

2人の笑い声にバキュラリスが少ししなった気がする。

笑いながら松田は、確かにカラ爺が言うとおり、会話は相手への献身の始まり、相互献身の架け橋だと感じた。

エピローグ

10月24日金曜日、午後一番にSDモバイルの担当者から博通堂案がトップで通った旨、松田に連絡が来た。第1営業部はにわかに沸いた。

笹井と篠塚は社内関係部署にプレゼン通過の知らせをする。

松田はジュピターPRの楢井に電話をした。

「あっ、楢井さん。松田です。SDモバイル、うちで決まりました」

電話の向こうで楢井が「ヤッター」と大声を張り上げている。

「松田さん。おめでとうございます。もう、松田さんの粘り勝ちですよ」

「ありがとうございます。SDとの詳細の詰めはこれからですが、香山慎一選手の件、ひとつよろしくお願いいたします」

「了解です。今度は松田さんにご迷惑をかけることがないよう、やれることはすべてやれ、やるなら全力を尽くせ、これをモットーにことに当たります。松田さん、見捨てないでくださいね」

「だれが見捨てるもんですか。では、木暮会長にもよろしくお伝えください。ご挨拶には改めてうかがいます」

電話を終えた松田は今後のスケジュールを確認するためクリエイティブ局に向かった。部屋から廊下に出たとき松田は人事部の柿本と出会った。

「よっ、松田くん。SDモバイル、うちが落としたんだって。おめでとう」

「あれ、柿本課長。耳が早いですね」

「いま、マーケの麻生くんから聞いたとこ。そうそう、例の自己成長トレーニング、そろそろ終わりじゃなかったっけ」

「はい。明日、最終報告をしにカラ爺――じゃなくって加羅さんのところにうかがいます」

「で、自己成長はできたの?」

「えっ。さぁ、どうでしょう」

「ん、何だその意味深な笑いは。なるほど。そこそこ効果があったということだな。ふむふむ。ならばもう時効かもしれんな——」

「時効？」

「松田くん。5分ほど時間あるか」

「ええ、構いませんが」

2人は人事部のブースに入った。松田が最初に柿本から自己成長トレーニングの話を聞いた場所である。

「カラ爺、変わった人だったろう」

柿本がニヤニヤしながら松田に訊いた。

「柿本課長も加羅さんのことをカラ爺と呼ぶんですか——。あ、ひょっとして課長もカラ爺のトレーニングを受けたことがある？」

「3年前にな。しかし最初は緊張の連続だったよ」

「緊張——。カラ爺にですか？」

腕組みをした柿本はまだニヤニヤしている。

「そうだよ。加羅友一。実はこれは本名じゃない。いわば芸名みたいなもんだな。本名は柏木光三という。どっかで聞いた名前だと思わないか」

松田は思案顔で首をかしげた。どこかで聞いたような気もするのだが——。

「うちの元会長だよ」

「えっ、元会長——」

「そう。うちの中興の祖と言われる柏木光三元会長だ。ま、生きるレジェンドみたいな存在だな。9年か10年前だったかな、会長職をさっさと後進に譲ったあと、うちの若い衆を教育する目的でカラ・コーチング・システムを設立したんだよ」

「それって、ちょうどボクが入社した頃ですね」

「ま、それだと元会長のことを知らんのも無理ないわな。カラ・コーチング・システムでは、うちの社員の自己啓発に年間だいたい3、4人ほどを受け持ってもらってる。卒業者はもう30名を超えているだろうな。そうそう、松田くんのとこの部の大森部長もその1人だよ。ん、どうしたんだ、松田くん」

「いやー、オレ何か具合の悪いこと話さなかったかなぁ、と思いまして」

「あー、いまさらもう遅い、遅い。過去はもはや変えられない。変えられるのは未来だけ。未来を変えようと思うと、いま変わらねばならない――。言ってただろ、カラ爺」

そう言うと柿本は胸ポケットから小豆色の手帳を取り出した。

「あっ、『貢献の栞』。しかも年季が入っている。そうか。だから大森部長もカラ爺の言葉を口にしたのか――。でも、何だかカラ爺に騙されていたような気もします」

「騙すねぇ。ま、騙す気はなかったと思うけど。そうだ、カラ・ガーデニング・ショップの前に木洩れ日というレストランがあっただろ」

「はい。美人のママがいました」

黒縁の眼鏡の奥にある柿本の目元が緩んだ。

「ママの名前、覚えてるか」

「確か美雪さん。柏木美雪――。柏木。ひょっとして親子？」

「ふふふ、ハズレ。カラ爺の奥さんだよ。確かふたまわりほど歳、離れてんだぞ」

「ウソ。もー、冗談はよしてくださいよ」

あきれ果てた松田は天井を仰いだ。柿本は大きな声で笑っている。

「冗談と言えば、カラ爺の芸名。これも人をおちょくってんだぞ」

柿本はコピー用紙を取り出すと大きな字で「加　羅　友　一」と書いた。そのあと
「加」に下線を引いた。

「松田くん。加えるは英語で何という?」

「アッド、ですね」

柿本は下線から垂直に矢印を引いて、その下に「アッド」と書き込んだ。

「羅はそのままラだな」

柿本はさらに「羅」に下線を引いて矢印の下に「ラ」と記した。

「あれ、これって」

「まあまあ。じゃあ、友は英語で」

「フレンド」

柿本は「友」に下線を引いて矢印の下に「フレンド」と書いた。

「問題は最後の一だな。これをワンと読んではいけない。では何と読むべきか」

「イツ。ヒイ。フランス語だとアン。ドイツ語だとアイン」

「ヒント。2進数は1と0だ。0はナシとも言う。じゃあ1は？」

「えっ――。アル！」

柿本は「一」の下線から矢印を引いて「アル」と書き込んだ。

「さあ、並べ替えたらどうなる」

「アル・フレンド・アッド・ラ――。アルフレッド・アドラー。うわっー！」

「な、おちょくってるだろ。何でもカラ爺、学生時代はアドラー心理学の研究者を目指していたそうだ。ま、事情はよく知らんが、結局院には行かなかったみたいだがな。しかし以来、いまに至るまで、アドラー、アドラーだ。こんな芸名を作るくらいだからな。冗談もいい加減にしてもらいたいよ。もっとも広告マンらしいっちゃ、らしいんだが」

「明日、カラ爺のところに行ったら、すべて柿本課長から聞いたと伝えます」

「おぉ、そうしてくれ。ついでに、柿本が今度また一杯お供させてくださいと言っていた、とも伝えといてくれよ」

「わかりました」

「そうだ、松田くん。一杯といえば、カラ爺にはたくさんの武勇伝がある。得意先へ行くごとに植物園を作れ、植物園を作れと言って、現場の営業を困らせたとか」

「あ、それに近い話、知ってます」

「どうだ、松田くんと一緒というのも初めてだ。カラ爺ネタを肴に今晩飲まないか」

「いいですね。かつてのボクなら、今日は先約が、とか言って断っていたかもしれません。でも、カラ爺のトレーニングを受けたあとで、そんな野暮なことを言う人物はいません」

「よく言った。よし、SDモバイルも落としたことだし、今日はオレのおごりだ。もっとも安酒だけどな。じゃあ、7時に1階ロビーで」

「了解です。では」

松田は敬礼したあとクリエイティブ局に向かった。柿本は笑みを浮かべて松田の背を見送った。

その笑みには、

(やつも一皮むけたかな——)

との思いが混じっているようであった。

(完)

付録

アドラー心理学を理解するためのキーワード集

劣等感

アドラー心理学では人が持つ劣等感に注目するという大きな特徴があります。実際アドラーは「人間であることは劣等感を持つことである」と述べたほどです。

アドラーは人間が持つ劣等感が、人間社会という共同体や言葉、宗教、哲学、美術、音楽と、あらゆるものを生み出す源泉になったと考えました。このように人が持つ劣等感を極めて重視するアドラー心理学は「劣等感の心理学」とも呼ばれるようになりました。

劣等コンプレックス

人は劣等感を補償する、言い換えると人が持つ劣等性を補うために、共同体や言葉、宗教など、人に役立つ様々なものを生み出しました。このように劣等感は世のため人のためになるものを生み出すパワーの源泉になります。

しかしこのパワーが正の方向ではなく負の方向に向かうこともあるでしょう。たとえば、自分の劣等性を隠すために引きこもるなどというのはその一例です。このように、劣等感に過剰に反応したパワーが負の方向に向かうことを劣等コンプレックスと呼びます。

優越コンプレックス

劣等コンプレックスから派生する形態のひとつに優越コンプレックスがあります。一般に人は、自分の劣等感を補償するために、他の人よりも抜きん出た能力を伸ばそうと努力します。しかしそれには多大な時間とエネルギーが必要です。そこでもっと手軽に優越性を手に入れるため、高級な車に乗って要人と見られるよう努めたり、どう猛な犬を飼って力があるように見せかけたりします。

このように本来優越性を持っていないにもかかわらず、優越性を持っているかのように振る舞う傾向を優越コンプレックスと呼びます。これも劣等感が負の方向に働いたもののひとつです。

決定論と目的論

決定論とは、ある結果がある特定の原因に起因すると考える態度です。「両親のせいでこんな自分になってしまった」と考えるのは、結果であるこんな自分を、原因としての両親に求めていますから、決定論的なものの考え方と言えます。

一方アドラーは、人がとる行動は、決定論的に決まるのではなく、目的論的に決まると考えました。目的論とは、その人が持つ目的や目標に従って人は行動する、という考え方です。何かがうまくできないのは素質のせいではありません。うまくできないのは、自分が持つ誤った目標のせいだと考えるのが、アドラー心理学の基本的な態度です。

目標

目的論の立場に立脚すると、人が持つ目標の重要性が明らかになります。というのも、人が持つ目標によってその人の行動が決まるからです。

このように「人は目標に向かって生きる」という極めてシンプルな考え方が、アドラー心理学の基礎概念のひとつになっています。

したがって、人がどのような目標を持っているのかを知らずに、その人の行為や行動を理解することはできません。これは自分自身についても言えることです。

ライフスタイル

人が持つ人生の目標や、目標へアプローチする態度も含めた総体をライフスタイルと呼びます。人が持つライフスタイルは10歳頃までに形作られると考えられています。

しかしこのライフスタイルが、負の方向に働いた劣等感に影響されているとしたら、その人の行為や行動から、社会に役立つものが生まれるのは難しいでしょう。

この場合、自分のライフスタイルが間違った目標に基づいていることを認識し、その上で正しいライフスタイルを再構築するよう努めなければなりません。

私的論理

不適切なライフスタイルとは、自己の利益のみを目標とする態度を指します。このような態度の根底にある考え方をアドラーは私的論理と呼びました。

そもそも人は1人だけでは生きていけません。共同体の中で他の仲間とともに生きなければなりません。人が持つこの本質に背を向けて、自己利益のみを追求してうまくいくでしょうか。たぶん難しいでしょう。

したがって、自分が持つ私的論理を自覚して、それを改善する努力が必要になります。

コモンセンス

私的論理に対する概念がコモンセンスです。これは共同体が善と考える普遍的な価値観です。

人は共同体に属する一個人として生きなければなりません。自己利益のみを追求していたら早晩共同体から見放されることになるでしょう。

したがって、人が幸せに生きるには、自己利益の追求ではなく、コモンセンスを念頭にした共同体への貢献が欠かせなくなります。

早期回想

アドラーは、不適切なライフスタイルを自覚するのに、その人が持つ最初の記憶が有効だと考えました。というのも、この最も古い記憶が、その人にとっての主観的な人生の出発点になるからです。

このように、最も古い記憶を思い出し、そこにライフスタイルに関するヒントが隠されていないか探ることを、アドラーは早期回想と呼びました。

松田勇二が、幼稚園の頃のリレーという古い記憶から自分の劣等感に気づいたのは、早期回想の一例と言えるでしょう。

共同体感覚

自分が持つ私的論理に気づき、共同体が持つ普遍的な価値に貢献するよう、ライフスタイルを修正する。

こうすることで、人は共同体に奉仕し、共同体と一体だと感じることができるでしょう。そうすれば人は高い充足感を得られるに違いありません。アドラーはこのような感覚を共同体感覚と呼びました。

共同体感覚を得られるような生き方、それが人の幸福な人生につながります。

人生の3つの課題

アドラーは幸福な人生を過ごすには、対人関係、仕事、パートナーとの愛という3つの課題に対処しなければならないと考えました。アドラーはこれを人生の3つの課題と呼びました。

間違ったライフスタイルを修正して新たなライフスタイルを構築する。これは人が内面から変わることを指します。そしてコモンセンスをベースに新たなライフスタイルで、対人関係、仕事、パートナーとの愛という3つの課題にチャレンジする。

こうすることで従来とは異なる新たな人生を切り拓くことができます。

アドラー心理学

つまるところアドラー心理学は、人が持つ私的論理と隠された目標を探し出し、その人がこれを理解することを手助けし、その上でより良い目標を一緒に見つけ出して、新たな目標に向けて一歩踏み出すよう勇気づけることを目指します。

だからアドラー心理学は「勇気づけの心理学」または「勇気の心理学」とも言われるわけです。

あるいは「一歩踏み出すための心理学」とも言えるかもしれません。

あとがき

自己成長、言い換えると自己変容とは、過去の自分から新しい自分に生まれ変わる過程を意味します。ですからこの過程は、過去の自分が擬似的に死に新しい自分が生まれるという「死と再生」の道筋をたどることになります。

この死と再生のモチーフは、古くは神話にも登場しますし、現代に描かれる物語にもたびたび用いられています。その基本構造とは、主人公の擬似的な死（あるいは冒険への旅立ち）、イニシエーション、そして再生（あるいは帰還）というパターンをとります。

たとえば、皆さんもよくご存知のイザナギとイザナミの神話を思い出してみてください。この世から旅立ったイザナミを助けようと、イザナギは俄然黄泉《よみ》の国を目指します。しかし約束を破ったイザナギはイザナミの怒りを買い、苦難の末、黄泉の国を脱出し現世に戻ります。この物語は最愛の人を亡くした人物の心の中で生じた現象ともとらえられます。つまり愛する人の死により自分も一旦擬似的な死を迎えたその人物が、苦難と葛藤というイニシエーションを経て立ち直る過程、このように置き換えることもできるでしょう。
こうした神話の時代から続く人類の元型とも言うべきパターンを下敷きに、広告マン松田勇二がアドラー心理学の叡智を活用して困難を克服し、新たな自分を確立する経緯を描いたのが本小説です。

当初、ＳＢクリエイティブの牧元太郎さんから執筆の依頼があった際、アドラーの解説本ではなく、アドラー心理学に対する書き手の見解を踏まえた本、との注文がありました。これに対して私は、小説形式での表現を逆にご提案したのですが、牧元さんが快諾してくださったことに実は驚いたものです。というのも、私にとってフィクションが世に出るのはこの作品が初めてになるからです。海とも山ともわからぬ私の仕事を信頼してくださった牧元さんに心からお礼を申し上げます。

本作品が読者の方々の琴線にどこかしら触れることを期待しております。

２０１４年８月

神戸元町にて　筆者識す

著者略歴

中野 明（なかの・あきら）

1962年滋賀県生まれ。作家。立命館大学文学部哲学科卒。同志社大学・関西学院大学非常勤講師。ビジネス、情報通信、歴史の3分野で執筆活動を展開。
著書に『超図解 勇気の心理学 アルフレッド・アドラーが1時間でわかる本』（学研パブリッシング）、『ポケット図解 ピーター・ドラッカーの「自己実現論」がわかる本』（秀和システム）、『今日から即使える！ドラッカーのマネジメント思考』（朝日新聞出版）、『悩める人の戦略的人生論』（祥伝社新書）など多数ある。

SB新書 270

アドラー 一歩《いっぽ》踏《ふ》み出《だ》す勇気《ゆうき》

2014年9月25日 初版第1刷発行

著 者：中野《なかの》 明《あきら》

発行者：小川 淳
発行所：SBクリエイティブ株式会社
〒106-0032 東京都港区六本木 2-4-5
電話：03-5549-1201（営業部）

装 幀：ブックウォール
挿 画：中野 明
組 版：辻 聡
印刷・製本：図書印刷株式会社

落丁本、乱丁本は小社営業部にてお取り替えいたします。定価はカバーに記載されております。
本書の内容に関するご質問等は、小社学芸書籍編集部まで必ず書面にてご連絡いただきますようお願いいたします。

© Akira Nakano 2014 Printed in Japan
ISBN 978-4-7973-8043-9